现代职业教育体系建设系列教材

编委会名单（排名不分先后）

主　任　李海东
副主任　杜怡萍　邓文辉
委　员　漆　军　卓良福　郭海龙　邱志华
　　　　余明辉　许凤萍　王　龙　丁立刚
　　　　王树勋　林良颖　郭盛晖　黄　珩
　　　　王明刚　黄及新　孟军齐　徐　馥
　　　　张　凯　张立波　林　晓　张　莉
　　　　魏　敏

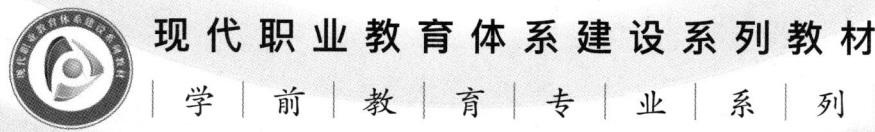

现代职业教育体系建设系列教材

学|前|教|育|专|业|系|列

YOU'ER YOUXI LILUN
YU SHIJIAN

幼儿游戏理论与实践

主　　编：张　莉
副 主 编：黄美贤
参编人员（按姓氏笔画排序）：
　　　　刘　恬　刘颖丽　李　峰
　　　　冀秋阳　魏小娜

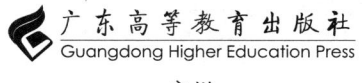

广东高等教育出版社
Guangdong Higher Education Press
·广州·

内容提要

本书立足于幼儿园教师职业发展的需要,遵循学前教育专业学生在幼儿游戏领域学习和积累的规律,尝试按照高等职业教育单元任务的形式进行编写。全书包括幼儿角色游戏、幼儿建构游戏、幼儿表演游戏、幼儿体育游戏、幼儿智力游戏、幼儿音乐游戏、以游戏为基本活动的课程模式整合共七个单元。前六个单元从幼儿园常见的几种游戏入手,帮助学生积累感性经验;最后一个单元进行理念上的探索和提升,寻找幼儿园游戏课程改革的思路和途径。

本书由校企专兼职教师共同编著,可供高职高专院校学前教育专业学生使用,也可作为在职教师的培训教材或参考资料。

图书在版编目(CIP)数据

幼儿游戏理论与实践/张莉主编. —广州:广东高等教育出版社,2020.5(2021.8 重印)

(现代职业教育体系建设系列教材. 学前教育专业系列)
ISBN 978-7-5361-6262-4

Ⅰ. ①幼… Ⅱ. ①张… Ⅲ. ①学前教育-游戏课-高等职业教育-教材 Ⅳ. ①G613.7

中国版本图书馆 CIP 数据核字(2018)第 195142 号

出版发行	广东高等教育出版社
	地址:广州市天河区林和西横路
	邮政编码:510500 电话:(020)87551597 87551077
	http://www.gdgjs.com.cn
印 刷	佛山市诚铭印刷有限公司
开 本	787 毫米×1 092 毫米 1/16
印 张	8.75
字 数	200 千
版 次	2020 年 5 月第 1 版 2021 年 8 月第 2 次印刷
定 价	26.00 元

出 版 说 明

自 2014 年全国职业教育工作会议召开以来，职业教育改革发展进入了新的阶段。各地围绕推进职业教育领域综合改革，大力发展现代职业教育。在新一轮的改革创新浪潮中，广东省将科学建立现代职业教育系列标准，推动现代职业教育课程教材改革作为深化职业教育改革的重要内容。《广东省人民政府关于创建现代职业教育综合改革试点省的意见》中明确要求："建立中职—专科高职—应用本科衔接互通的标准框架体系及专业课程教学标准，开发相关的示范课程及教学资源库，研制现代职业教育体系规划教材。"《广东省现代职业教育体系建设规划（2015—2020 年）》也明确提出："到 2020 年，在 50 个专业试点中高职衔接专业标准和课程标准，开发 500 门中高职衔接的示范课程及资源库，编写 1 000 本现代职业教育体系规划教材。"

为贯彻落实省政府加快发展广东现代职业教育的工作部署，2013 年以来，广东省教育厅陆续启动了 74 个专业教学标准和课程标准研制项目，取得了一批重要的研究成果，包括现代职业教育标准体系建设系列丛书，一批专业的教学标准以及 1 100 多门专业核心课程标准。广东省教育厅十分重视标准研制成果的推广和应用，连续两年下发通知（粤教职函〔2015〕77 号、粤教职函〔2016〕58 号），明确各地、各中等职业学校要特别围绕已经完成的专业教学标准和课程标准开发教材。广东省教育研究院聚焦标准成果的转化，组织参与标准研制的专家学者和一线教学经验丰富的专业教师，研发出目前呈现在读者面前的系列教材。

本系列教材以专业教学标准和课程标准为依据，呈现出三大特点：一是系统性。专业教学标准和课程标准的研制始终坚持"能力核心、系统培养"的指导思想，通过岗位分层实现职业能力分级，基于职业能力分级实现中职、高职、本科的教育分层。教材的研发与标准研制一脉相承，体现教育属性和职业属性的有机结合，既能满足专业教学及升学的需要，也能满足就业的需求。二是创新性。标准研制成果明确地将职业能力点有机地融入课程之中，建立了以职业能力为核心、中高职分级培养的课程体系。教材通过行动导向、

项目引领、任务驱动等模块化教学,增强了"做中学、做中教"的教学双向互动,让职业能力培养有效地体现在教学过程当中。三是实用性。教材内容的研发基于工作过程及职业情境,对准由行业企业专家提出的真实用人要求和职业活动,让学生切实掌握就业岗位工作内容,达到职业能力及职业道德要求,实现学有所指、学有所用的目的。

  系列教材的研发得到了广东省教育厅高中职处、高教处等领导的关心和指导,也得到省内有关职业院校、行业企业的大力支持和积极参与,在出版期间尤其得到了广东高等教育出版社的大力支持,在此特别致以衷心的感谢!

  系列教材的出版是我们为了实施和推广专业教学标准和课程标准所做的一项探索性工作,由于水平有限,难免存在不尽如人意之处和谬漏,恳请广大专家、读者和一线教师提出宝贵意见,帮助我们把这项工作做得更好。

现代职业教育体系建设系列教材编委会
2016 年 7 月

前　言

当我们迈进21世纪的时候，中国学前教育事业的发展也步入一个崭新的阶段。为了全面推进幼儿园开展素质教育，2001年我国颁布了《幼儿园教育指导纲要（试行）》，以提高幼儿园教育的质量。2010年颁布了《国家中长期教育改革和发展规划纲要（2010—2020年）》《国务院关于当前发展学前教育的若干意见》，更是以前所未有的力度对学前教育制定了明确的发展规划，并提出了具体的指导意见，至2012年我国颁布了《3—6岁儿童学习与发展指南》。这一系列的文件都充分显示出学前教育得到了党和国家的高度重视，已然成为社会关注的焦点热点。如何为社会提供优质的学前教育资源，满足人民日益增长的美好生活需要，是每一个学前教育领域的工作者面临的问题。

在现代教育理念不断提升的过程中，人们对于幼儿的学习有了更深刻的体验和理解。幼儿的学习是以直接经验为基础，在游戏和日常生活中进行的，因此幼儿游戏的价值也得到了普遍的认可和重视，以游戏为基本活动成为学前教育的共识。然而，如何体现这种教育理念？如何把这种理念贯穿在幼儿园师资的培养过程中？如何在2年、3年、4年不等的培养时间内，使得学前教育专业的学生获得这样的理念，并能够指导、运用于未来的幼儿教育实践？诸多培养幼儿园师资的高等院校都在不断地努力和探索。

结合我们在师资培养实践中的摸索，本教材在编写的过程中着重突出以下特色。

一是教材的编写更加符合学前教育专业学生在幼儿游戏领域学习和积累的规律。本教材从幼儿园常见的游戏入手，每种游戏单列为一个单元，帮助学生从感性的经验开始积累，最后一个单元尝试对游戏的特点和本质进行思考，探索出以游戏为基本活动进行课程改革的思路和途径，进行理念上的探索和提升。二是本教材在编写中更加注重实用性和操作性，无论是文字表述，还是内容编排，力求合乎逻辑、简明易懂、重点突出。本教材采用单元的形式编排，尝试以任务为中心组织教材的内容，每单元包括学习目标、学时建

议、单元结构图、情境导入、知识准备、任务、案例分享、评估反馈等部分，这样的编写体例相对新颖，也比较符合职业教育的特点。

本教材由张莉担任主编，负责全书的体例设计、提纲拟定、统稿、协调组织等工作，其他几位富有研究热情和工作经验的高校教师、幼儿园园长积极参与了编写。各单元编写分工如下：单元一、单元七由张莉编写，单元二由黄美贤编写，单元三由刘颖丽编写，单元四由刘恬、冀秋阳编写，单元五由魏小娜编写，单元六由李峰编写。

在本教材的编写过程中，编者参考了国内外大量的文献资料，引用和借鉴了相关专家、学者的研究成果，还从相关网站引用了一些同行的优秀案例。虽然在编写中尽量注意标明出处，但也有可能因疏忽而遗漏，在此谨向原作者表示深深的歉意和诚挚的感谢。为了使本教材得以及时和顺利出版，广东高等教育出版社给予了大力支持，在此一并致谢。

向读者奉献一本结构完整、内容新颖、可读可用的教材是我们的愿望，但由于编者水平有限，教材中难免有疏漏和不足之处，恳请大家不吝赐教，批评指正。

编　者

2018 年 6 月 12 日

目　录

单元一　幼儿角色游戏

情境导入 ……………………………………………………………………………………… 2
知识准备 ……………………………………………………………………………………… 2
　　一、什么是角色游戏？ …………………………………………………………………… 2
　　二、角色游戏包含哪些要素？ …………………………………………………………… 3
　　三、角色游戏有什么作用？ ……………………………………………………………… 3
任务 …………………………………………………………………………………………… 4
　　任务一　角色游戏的准备 ………………………………………………………………… 4
　　任务二　角色游戏的组织与实施 ………………………………………………………… 5
　　任务三　角色游戏的结束 ………………………………………………………………… 10
　　任务四　不同年龄班角色游戏指导的区别 ……………………………………………… 12
案例分享 ……………………………………………………………………………………… 14
　　会生长的角色游戏区 ……………………………………………………………………… 14
评估反馈 ……………………………………………………………………………………… 15

单元二　幼儿建构游戏

情境导入 ……………………………………………………………………………………… 18
知识准备 ……………………………………………………………………………………… 18
　　一、什么是建构游戏？ …………………………………………………………………… 18
　　二、建构游戏有哪些种类？ ……………………………………………………………… 19
　　三、建构游戏有什么作用？ ……………………………………………………………… 20
任务 …………………………………………………………………………………………… 21
　　任务一　建构游戏的准备 ………………………………………………………………… 22
　　任务二　建构游戏的组织与实施 ………………………………………………………… 23
　　任务三　建构游戏的结束 ………………………………………………………………… 26
　　任务四　不同年龄班建构游戏指导的区别 ……………………………………………… 27

案例分享	30
建构游戏的生长点	30
评估反馈	31

单元三　幼儿表演游戏

情境导入	34
知识准备	34
一、什么是表演游戏？	34
二、表演游戏与角色游戏有什么不同？	35
三、表演游戏包含哪些要素？	36
四、表演游戏有哪些种类？	37
五、表演游戏有什么作用？	38
任务	39
任务一　表演游戏的准备	39
任务二　表演游戏的观察与指导	43
任务三　不同年龄班表演游戏指导的区别	48
案例分享	51
小班表演故事《小蝌蚪找妈妈》	51
大班表演故事《小熊拔牙》	52
中、大班表演故事《小熊请客》	54
评估反馈	57

单元四　幼儿体育游戏

情境导入	60
知识准备	60
一、什么是体育游戏？	60
二、体育游戏有哪些种类？	61
三、体育游戏包含哪些要素？	62
四、体育游戏有什么作用？	62
五、实施幼儿体育游戏应注意的问题	66
任务	66
任务一　体育游戏的准备	67
任务二　体育游戏的组织与实施	69
任务三　体育游戏的结束	72

　　　　任务四　不同年龄班体育游戏指导的区别 ················ 72
　案例分享 ··· 74
　　　　小班体育游戏设计：大家来做操 ······················ 74
　　　　中班体育游戏设计：小朋友收稻子 ···················· 74
　　　　大班体育游戏设计：夹包跑 ·························· 75
　评估反馈 ··· 76

单元五　幼儿智力游戏

　情境导入 ··· 79
　知识准备 ··· 80
　　　　一、什么是智力与智力游戏？ ························ 80
　　　　二、智力游戏包含哪些要素？ ························ 80
　　　　三、智力游戏有什么特点？ ·························· 81
　　　　四、智力游戏有哪些种类？ ·························· 82
　任务 ··· 86
　　　　任务一　编选适宜的智力游戏 ························ 86
　　　　任务二　智力游戏的组织与实施 ······················ 87
　　　　任务三　智力游戏的评价 ···························· 89
　案例分享 ··· 90
　　　　益智区指导技巧心得分享 ···························· 90
　评估反馈 ··· 93

单元六　幼儿音乐游戏

　情境导入 ··· 96
　知识准备 ··· 96
　　　　一、什么是音乐游戏？ ······························ 96
　　　　二、音乐游戏有哪些种类？ ·························· 97
　　　　三、音乐游戏包含哪些要素？ ························ 99
　　　　四、音乐游戏有什么作用？ ·························· 100
　任务 ··· 101
　　　　任务一　音乐游戏的准备 ···························· 101
　　　　任务二　音乐游戏的组织与实施 ······················ 102
　　　　任务三　音乐游戏的结束 ···························· 104
　　　　任务四　不同年龄班音乐游戏指导的区别 ················ 104

案例分享	106
中班音乐游戏设计"老马和小马"	106
评估反馈	108

单元七　以游戏为基本活动的课程模式整合

情境导入	111
知识准备	111
一、什么是游戏？	111
二、游戏有什么特点？	117
三、游戏有哪些种类？	118
四、游戏与课程的互动	120
任务	122
任务一　非游戏活动游戏化	122
任务二　游戏课程化	123
案例分享	124
游戏在教学环节的运用案例	124
游戏在生活环节的运用案例	126
评估反馈	126

单元一
幼儿角色游戏

学习目标

1. 知识目标
（1）理解角色游戏的含义。
（2）理解角色游戏的结构及价值。
（3）掌握幼儿角色游戏组织指导工作各个环节的主要内容。
2. 能力目标
（1）能够做好角色游戏的准备工作。
（2）能够结合幼儿的特点和兴趣，组织并实施各个年龄班级的角色游戏活动。
（3）能够在角色游戏中正确观察、分析与评价幼儿的行为表现。

学时建议

6学时。

单元结构图

环节	内容
情境导入	·娃娃家游戏片段
知识准备	·什么是角色游戏？ ·角色游戏包含哪些要素？ ·角色游戏有什么作用？
任务	·角色游戏的准备 ·角色游戏的组织与实施 ·角色游戏的结束 ·不同年龄班角色游戏指导的区别
案例分享	·会生长的角色游戏区
评估反馈	·练一练 ·目标达成情况评价

小班的佳佳一直在重复给"娃娃"穿衣服和脱衣服。罗老师观察了一会儿后，走到佳佳身边说："佳佳，现在已经中午了，你的'娃娃'一定饿了吧？我们给她做饭好吗？"佳佳没有说话，继续给"娃娃"重复着穿脱衣服。罗老师又说："如果她饿了就告诉我，我们可以给她做一顿香喷喷的午饭。"罗老师边说边走向厨房，拿出锅和盘，并和旁边的幼儿交谈。

过了一会儿，佳佳走到罗老师身边说："我的'宝宝'饿了。"罗老师说："好吧，那我们给她做什么午饭呢？"佳佳说："宝宝午饭。"这时，一直在厨房切菜的文文凑过来："我来做饭。"罗老师说："你们俩一起做饭吧，我来抱'娃娃'。"康康也走过来说："我能和你们一起玩吗？"文文对佳佳说："不，我们正在做饭，对吧？"佳佳点点头没有说话。罗老师对康康说："康康，你会做沙拉吧？"康康点点头说："是的"，又对佳佳说："你可以借我一把刀吗？"佳佳说："我正在用呢，这个给你。"递了一把铲子给康康……

看到三个孩子像一家人一样一起做饭、吃饭，罗老师离开了娃娃家。

上述游戏片段在幼儿园中非常常见。这是一种什么游戏？这种游戏对幼儿的成长发展有意义吗？你认为案例中罗老师的行为是否恰当？教师在这种游戏中应该提供什么支持？

一、什么是角色游戏？

角色游戏是学前儿童按照自己的兴趣和意愿，以模仿和想象，借助真实或替代的材料，通过扮演角色，用语言、动作、表情等，创造性地再现身边社会生活的游戏。

角色游戏是幼儿期典型的游戏形式，它在幼儿两三岁时自然产生，在学前晚期达到高峰。在角色游戏的过程中，幼儿表现出高度的独立自主性，幼儿想玩什么主题，确定什么角色，采用什么玩法，情节如何进行，使用什么玩具材料，都是由幼儿按照自己的意愿、兴趣、经验、能力来进行的。角色游戏从开始到结束的全部过程，均由幼儿自行确立、设计、编定。正因如此，即使没有成人的引导和组织，角色游戏在幼儿期依然会自发地产生。

角色游戏是幼儿不可缺少的重要活动形式，是学前儿童成长中的一个必经过程，集中反映了幼儿游戏的基本特点，因此，它一直是心理学游戏研究的主要对象，心理学家们常常借助角色游戏所呈现的自然情境来观察幼儿的行为，以此作为探究幼儿心理发展规律及其特点的重要研究手段。

二、角色游戏包含哪些要素？

1．角色的扮演（即以人代人）

角色是角色游戏的中心。幼儿在角色游戏中，通过模仿真实生活中各种人物原型的言行举止来扮演一个假装的角色，这种行为叫作角色扮演，也称为以人代人。幼儿扮演的角色往往是自己熟悉的角色，如妈妈、警察、医生等，在扮演的过程中，需要幼儿把头脑中已有的关于该人物的表象重新组合，来创造新形象，在游戏中表现自己对于这些角色的认识、体验。例如，一个扮演医生的幼儿把体温计放到"娃娃"的腋下，说"让医生来给你量量体温"。幼儿正是通过模拟这些人物典型的语言、动作或行为方式来扮演角色的，在此对于周围生活和成人世界的反映过程中，充满了幼儿的想象活动。

2．对物品的假想（即以物代物）

幼儿在角色游戏中利用一种物品代替、象征另一种不在眼前的物品叫作"以物代物"。例如，幼儿用一块积木喂"娃娃"，说"吃饼干"，在这里，积木是饼干的代替物。幼儿在角色游戏中使用的玩具，在不同的时间、不同的环境中可以替代多种真实物品，如小椅子一会儿可以当汽车来开，一会儿可以当大马来骑，这种替代是幼儿创造性活动的结果。

3．对游戏动作和情境的假想（即情境转变）

角色游戏中的角色扮演是通过幼儿游戏的动作、语言等实现的。在角色游戏中，幼儿不是单纯地玩玩具，而是通过使用玩具的动作来表现假想的游戏情节，并且假想各种游戏情境，以表达自己的思想、感情和体验。例如在医生的角色游戏中，扮演医生的幼儿并不是在单纯地玩听诊器，而是在假想自己正在使用听诊器给病人看病，此时参与角色游戏的幼儿已经把玩游戏的所在地当成了医院。

4．内在的游戏规则

幼儿在角色游戏中对角色、材料、动作、情境等进行假想的过程中，尽管是在虚构，却不愿意违背真实的生活逻辑，自始至终都遵循着蕴含在角色关系中的内在规则，正确表现现实生活中每个人物应有的动作、先后顺序、相互之间的关系，使自己游戏中的假想活动符合角色身份的要求。例如扮演患者的幼儿先去挂号，再去看病；扮演护士的幼儿先用酒精消毒，再给"患者"打针；扮演妈妈的幼儿在娃娃家里做饭、照顾"孩子"等。

三、角色游戏有什么作用？

1．角色游戏促进幼儿社会性发展

角色游戏是幼儿自己教育自己承担社会角色、遵守社会角色规范的一种自我教育活动。在角色游戏中幼儿主要结成了两种社会性关系：真实的同伴关系和想象的角色关系，

这两种关系都是有利于幼儿社会性发展的重要因素。角色游戏中会产生充分的幼儿互动的机会，在与同伴互动的过程中，幼儿认识到他人会与自己有不同的看法和态度，能够学会协调不同的观点，解决人际间的问题与冲突，改善同伴关系。同时在角色游戏中，幼儿主要是模拟社会交往，通过象征性的角色扮演来体会这些角色的态度、行为特点，从而使自己对于这些角色有进一步的认识，获得对角色规范的认同感，并建构起自己对周围社会生活的理解。

2. 角色游戏促进幼儿认知发展

幼儿的角色游戏是在想象的条件下，真实地反映现实生活中人与人之间的关系，但又不是刻板、机械的反映，而是创造性的、自由自在的反映，此过程发展了幼儿的主动性、创造性等思维品质。在角色游戏中，幼儿需要积极地回忆已有的知识经验，重新组合已有的印象，需要想好游戏的主题，不仅需要分配角色，还需要寻找游戏材料、思考游戏的过程、解决出现的问题，并以语言和行动来实现自己的想象，这使其想象、记忆、思维、语言等得到发展。

3. 角色游戏培养幼儿积极的情绪情感

角色游戏的内容形式灵活多样，幼儿在游戏中能够体验并丰富自己的情绪情感。如在娃娃家的游戏中，扮演父母的幼儿给"娃娃"做饭、喂饭、穿衣服、盖被子，体验着父母对孩子的关心和爱护。在医院的游戏中，扮演医生的幼儿给"患者"听诊、开药，扮演护士的幼儿给"患者"量体温、打针，嘱咐"患者"好好休息。这都有助于幼儿体验各种各样的情绪情感。另外，角色游戏是幼儿按照自己的意愿进行的活动，它为幼儿带来极大的快乐，在培养幼儿积极的情绪方面有重要的作用。

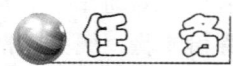

在幼儿园中，与幼儿共同开展角色游戏是一名幼儿教师的日常工作任务之一。在开展一个具体的角色游戏的过程中，教师需要做好角色游戏的准备、角色游戏的组织与实施、角色游戏的结束三方面的工作。其中，在组织实施角色游戏的过程中，还需根据不同年龄班幼儿思维发展的水平和特点，对不同班的角色游戏进行有针对性的指导。

任务一　角色游戏的准备

一、丰富幼儿的生活经验

角色游戏是幼儿对现实生活的反映，幼儿的生活经验越丰富，角色游戏的主题就越新颖，内容和情节也就越充实。因此，丰富的生活经验是幼儿开展角色游戏的基础。

幼儿的生活经验主要来自家庭、幼儿园的生活和学习。教师可以通过多种途径拓展幼儿的视野，丰富幼儿的社会生活经验。例如，教师可以组织实地观察，如引导幼儿观察超市的物品是怎么归类的，在超市买东西的程序是怎样的；观察马路上的警察是怎么指挥交通的，来往的车辆和行人应该遵守哪些交通规则；观察社区医院是怎样挂号、问诊、收费、取药的，各类药品是怎么归类摆放的；等等。教师还可以组织主题讨论，如组织幼儿对一些社会生活主题进行讨论，引导幼儿回顾经历过的事情，讲述各种见闻等，从而加深对社会生活的体验。

家长也应该经常在与孩子一起散步、看电影、旅游以及参加各种社会活动时，引导他们观察各行各业人士的言谈举止，熟悉不同职业的工作环境和工作内容。在生活中观察越仔细，幼儿的感性认识就越丰富，在游戏中对生活的反映就越逼真。

> **探究**
>
> **美容院游戏的产生**
>
> 中班的一组小朋友正在室内自由活动的时间里商量玩什么。这时壮壮突然提议："我们今天来玩美容院的游戏吧！"其他几个小朋友听了有些发愣。菲菲问："美容院的游戏是什么？""是啊，这个怎么玩啊？"大家七嘴八舌地问了起来。壮壮说："美容院可好玩了！我妈妈去的时候我见过了，那里面有美容师，还有床可以躺下呢！""那我做什么呀？""哪里可以当床啊？"……一个新的角色游戏开始了。
>
> **分析：** 本案例中壮壮小朋友提议大家来玩美容院的游戏，这与他生活中的经历有着紧密的联系。

二、提供充足的自由活动时间

充足的自由活动时间是幼儿深入自主开展角色游戏的决定性条件。教师要保证幼儿每天上下午都有一定的自由活动时间。过多的集体活动和指定性活动会直接妨碍角色游戏这种自主游戏的开展。在幼儿园和家庭中，除了保证每天有一定的自由活动时间，让幼儿自主自发地开展角色游戏外，还要保证每次自由活动的时间不得少于 30~50 分钟，因为角色游戏开展所需要的时间较长。只有在较长的时间里，幼儿才可以找到游戏伙伴、分配角色、准备材料、计划游戏等。如果游戏时间过短，幼儿未能在教师指定的结束时间内完成游戏，这既影响了游戏的效果，也影响了幼儿以后对角色游戏的兴趣。因为在经历了多次没有完成的游戏活动后，幼儿会轻易地放弃进入角色游戏的努力。

任务二　角色游戏的组织与实施

一、鼓励幼儿按照自己的意愿提出游戏的主题

一般来说，角色游戏的主题反映了幼儿对于身边生活的认识，应由幼儿自己提出，而不要由教师硬性规定。幼儿按照自己的意愿提出游戏的主题表明了其思维活动的发展，

不同年龄段的幼儿有着不同的发展水平，因此教师应针对不同年龄的幼儿采取相应的鼓励措施。

（1）针对低年龄的幼儿，教师需要启发幼儿游戏的愿望，帮助幼儿确定主题。

3岁多的幼儿有着模仿成人活动的愿望，但还不会明确提出玩什么样的游戏，只停留在动作的模仿上，因此需要教师更多地利用玩具以及富有情感的语言，启发幼儿游戏的愿望，帮助他们确定主题，并去实现它。例如教师看到一个孩子在切菜，便可启发说："你这么忙着切菜，给谁吃呀？你会切菜，还会烧饭吗？"目的在于帮助幼儿思考切菜这一模仿动作，应该包含在什么主题的游戏之中。孩子回答说："我给幼儿园切菜。"教师接着说："那么你就是幼儿园的阿姨了，你工作得很认真呀！你是一个人玩幼儿园的游戏，还是和谁一起玩幼儿园游戏？"这样就使参加游戏的幼儿，明确自己的活动是包含在幼儿园这一主题游戏之中了。

（2）针对年长的幼儿，教师可采取建议、启发等方式，鼓励幼儿独立提出游戏主题。

当幼儿能按照主题进行游戏之后，应进一步启发幼儿独立地提出游戏主题。启发的方法很多，如让幼儿想一想要玩什么角色游戏，或者和几个人商量共同提出主题。幼儿独立提出游戏主题的过程，便是他们发挥主动性和积极性的过程。幼儿提出的主题，教师要热情支持，对其中不当的内容，应采取商量、建议或转移的方法予以改变，切不可简单地否定，不要挫伤幼儿的主动性和积极性。

教师也可以用建议的方式提出一些新主题。如过完国庆节之后，教师可以在了解幼儿参加活动的情况之后，组织关于国庆节的活动谈话，可提出："你们愿意玩过节的游戏吗？"有的孩子说："国庆节那天爸爸妈妈带我上公园了，我想玩公园的游戏。"教师的建议只是起着启发与参考的作用，不必强迫幼儿采纳。另外，提出的建议也不宜过多，主要应鼓励幼儿独立地想主题，并按照提出的主题去做游戏。

二、与幼儿共同创设角色游戏环境

角色游戏的环境包括合适的游戏场所、设备、玩具和材料，这些物质材料是幼儿进行角色游戏的物质条件，对于激发幼儿的游戏愿望和兴趣，发展幼儿的想象力有重要的作用。例如，玩具娃娃在角色游戏中不仅起着角色的作用，而且能够增加游戏情节，丰富游戏内容。娃娃的装束不同，也会导致不同的游戏情节和内容。所以，教师需要和幼儿一起创设角色游戏的环境。在提供游戏材料时，需要注意两方面的要求。

1. 提供多层次的游戏材料

具象程度不同的游戏材料，对不同年龄幼儿角色游戏的开展具有不同的作用。对年龄小的幼儿来讲，为激发其对角色游戏的兴趣，教师需要提供一些实物和形象逼真的实物模拟玩具，帮助其确定游戏的内容。实物模拟玩具虽然外形逼真，但功能确定，用法单一，不容易引发幼儿根据游戏需要进行象征性改造。对年龄大的幼儿而言，过于逼真的形象材料不利于其表征性思维的发展，因此要逐渐减少，转而增加可用于替代各种物品的多功能游戏材料和低结构的游戏材料的数量，且材料的陈列要便于幼儿取用。

2. 以游戏需要为出发点投放游戏材料

角色游戏常常由游戏材料引发，因此游戏材料是幼儿游戏的兴奋点。为了体现幼

在角色游戏中选择的自由度,教师在准备材料、设置游戏情境时,不要只从教师的角度考虑让幼儿玩什么主题,而应该更多地从幼儿的生活经验出发,看幼儿自己能玩出怎样的主题。教师不要凭借自己的主观意愿将游戏所涉及的环境、材料一下子全都呈现出来,而应在开始时只呈现最基本的游戏环境和材料,然后在幼儿游戏过程中不断捕捉契机,再适时提供更优的游戏环境或更多的游戏材料,这样更能推动游戏的开展。

另外,不要将所有游戏空间都设置为固定主题的游戏区,而应给幼儿留出自己确定主题的空间。一般来说,小班幼儿的角色游戏区可固定设置为他们最熟悉的生活主题,随着年龄的增长,到了中大班,这类固定主题的游戏区应越来越少。

探究

吊针固定板的出现

孩子们很喜欢"小医院"的游戏,娃娃家里的"娃娃"每天都会被"爸爸妈妈"送去看病,"小医院"的"医生"最喜欢给"娃娃"打吊针。一天,娃娃家的"妈妈"带着"娃娃"到"小医院"看病,丁丁"医生"拿着听诊器仔细地给"娃娃"检查身体,然后说:"要挂盐水。"只见丁丁很有经验地让"妈妈"抱住"娃娃",然后把"娃娃"的鞋子、袜子都脱掉,露出脚。丁丁拿起针管往"娃娃"的脚上一戳,发现没有办法固定"娃娃"的脚,于是就让"妈妈"扶着"娃娃"的脚。

分享交流时,刘老师让丁丁把刚才游戏的过程给全班幼儿演示一遍。当丁丁让"妈妈"扶着"娃娃"的脚打吊针时,平平立即叫了起来:"刘老师,应该用一块板放在脚下固定。""受伤打吊针也是用一块板来固定的",几个孩子随即附和着。太棒了!一块吊针固定板就这样出现在"小医院"的游戏中。

分析:案例中"小医院"的游戏材料的投放并非一步到位的,而是随着幼儿游戏的需要进行增添。

三、分配扮演角色,进入游戏

幼儿最关心的是自己扮演什么角色,并满足于扮演角色的过程,因此分配角色是组织幼儿进行角色游戏的重要一环。小班幼儿刚开始玩角色游戏时,只是热衷于模仿某一角色的动作或活动,并不明确自己所想扮演的角色。小班幼儿甚至在游戏中经常忘记自己是什么角色,需要教师给予启发,教师要以游戏的口吻经常提醒帮助幼儿,增强他们的角色意识,明确他们在游戏中的角色身份。随着幼儿对角色游戏越来越熟悉,他们会逐渐明确自己所扮演的角色,此时教师指导的重点要放到启发幼儿理解角色、表现角色,认真且富有创造性地扮演角色上。如幼儿扮演售货员,最初只知道售货,经过教师的启发后,他们知道售货员还要布置橱窗,为年老病残人送货到家,接待顾客应该有礼貌、热情周到,向顾客介绍商品等,这样才能做好一名售货员,从而丰富了角色行为的内容和细节。

在分配角色方面,从中班开始,幼儿的角色意识会比较强烈,容易只考虑自己个人

的意愿而不善于分配角色,因此教师可以教给幼儿一些分配角色的办法,如自己报名、猜拳决定、轮流担任等。经过这一过渡,到了大班时期,幼儿一般便能与同伴共同商量角色的分配,懂得角色要轮流担任,并学会相互谦让。

为了培养幼儿的个性,应有意识地让幼儿轮流担任各种角色,尤其是主要角色,不应固定不变。针对某些性格比较安静、内向的幼儿,在角色扮演时教师可以有意地鼓励他们去扮演活泼的、活动性强的角色,如警察、销售员;而针对那些外向的、活动性强的幼儿则可以建议他们去扮演一些比较需要耐性的角色,如收银员、保安等。每个幼儿在游戏中都应学会扮演不同的角色,以使幼儿在更多方面获得锻炼与发展。

探究

航海游戏中的角色拓展

在航海游戏中,很多幼儿都想当船长。这时教师问小朋友:"小朋友,谁看到过或听说过航海的情况?航海的大船上都有哪些人呢?"小朋友七嘴八舌地开始了讨论。后来在教师的引导下,大家发现,在航海的大船上,除了船长之外,船上还有许多有趣的职业,如船长助理、厨师、医生、无线电报务员、领航员等。教师又给小朋友讲了讲船员肩负的艰巨任务,船员的角色也变得更有吸引力了。这时教师再建议:"小朋友们,大家现在想当什么角色呢?""我想做船上的厨师!""我想做领航员!"……

分析:本案例中幼儿争抢"船长"这一角色时,教师通过拓展幼儿关于航海的认识,增加、挖掘、丰富了航海游戏中的其他角色,既解决了大家争抢某一角色的问题,又有助于丰富本次角色游戏的内容。

竞争当爸爸

有一天,个子小小的健健与高高大大的君君都想当"爸爸"。有小朋友提议:今天你当,明天他当。还有人说:君君个子高,像"爸爸"。教师给小朋友出了个主意:让健健和君君说一说自己当上"爸爸"的话会怎么做,然后大家来选"爸爸"。君君说:"我先给孩子包饺子,等大家都吃饱了,我们再一起去看木偶戏。"结果小朋友推选了君君。

分析:本案例中教师通过竞选的方式,让小朋友选择角色游戏中的"爸爸",解决的不仅是争当"爸爸"这一角色的问题,同时还从侧面增加了游戏的情节。

四、注意观察,适度介入,促进情节发展

幼儿开始进入角色游戏之后,教师要注意观察游戏的发展变化,以便作为游戏的观察者、支持者、合作者,促进游戏情节的发展。

单元一 幼儿角色游戏

> **探 究**
>
> ### 我是孩子的舅舅!
>
> 3个小朋友正在玩娃娃家的游戏,正好凑成了"爸爸""妈妈"和"宝宝"。杰杰看着这么有趣的娃娃家游戏,特别想加入。他走过去问:"我能和你们一起玩吗?""人够了!"娃娃家的小朋友头也不抬地回答。杰杰在娃娃家外面走来走去,似乎在想办法。
>
> "咚咚咚",杰杰再一次走到娃娃家的门口敲门。
>
> "人够了,我们玩游戏的人已经够了!"娃娃家的小朋友似乎有些不耐烦。
>
> "哦,我是'宝宝'的'舅舅'啊!我是来看看'宝宝'的呢!"杰杰回答。
>
> "啊,是'舅舅'来了呀!"娃娃家的"妈妈"开心地来到门口打开门,请"舅舅"进了娃娃家,请坐、倒水等一系列招待客人的娃娃家游戏情节开始了。
>
> **分析**:在本案例中,幼儿在角色游戏的进展过程中出现了一点小状况。最终幼儿通过自己想办法,顺利解决了角色游戏中遇到的矛盾和问题。整个解决问题的过程中,教师都在做游戏的观察者。如果教师当时发现了角色游戏中的这个问题,急急忙忙去教育孩子要互助、友爱、一起玩,硬性地把杰杰塞到娃娃家中,是否就不会出现幼儿自己想办法解决问题的结果了呢?

一般来说,教师作为游戏的支持者、合作者,参与促进游戏发展有两种方式。

(1)以自身为媒介参与游戏,即在幼儿角色游戏出现问题时,教师自身介入幼儿的游戏。从教师介入的"身份"来看,这种参与可以分为两种:"游戏者"和"旁观者"。游戏者是指教师以与幼儿同样的"游戏者"的身份进入幼儿的游戏,旁观者是指教师站在幼儿的游戏之外,以现实的教师身份干预幼儿的游戏。

> **探 究**
>
> ### 出租车游戏中的乘客
>
> 某大班角色游戏区,一幼儿正在玩开"出租车"(椅子)的游戏。因为总是转方向盘一个动作,一会儿就有点烦了,东看西望的,没人搭理他。这时,教师走了过来:"哎,'出租车师傅',我要到大观园商场,请开车把我送去吧!""好的,请坐好。"孩子来了精神。"哎,我还有大的行李箱,你能帮我搬上车吗?""乘客"(教师)提出了要求,于是,"师傅"把"行李箱"搬到了"车"后头。上"车"后,"乘客"又问:"我不知道怎么走,你知道吗?""知道,要先经过文化东路,历山路……""师傅"果然很是尽职尽责,热情服务。
>
> **分析**:本案例中,当幼儿的"出租车"游戏出现瓶颈时,教师以玩伴的身份介入了幼儿的游戏,促使了游戏的内容和情节获得进一步的丰富和发展。

由以上案例可见,教师真诚地参与游戏,通过扮演角色促进了游戏情节的发展。教师以玩伴身份参与游戏,扮演角色,不仅能有效地支持幼儿游戏,提高幼儿游戏的兴趣,

调动和激发幼儿的主动性和创造性,同时还可以使游戏内容和情节得到自然的丰富和展开,而不让幼儿感到有被干涉的感觉,在不知不觉中提高幼儿游戏的能力和水平。又如,在邮局的游戏中,教师可以扮演一个不知道收信地址、邮编或不知道如何贴邮票的寄信人,以引起扮演邮局工作人员的幼儿的主动帮助,这样就丰富了角色间的对话;在商店游戏中,教师可以扮演一个顾客,故意要买一些商店没有的商品,以引发幼儿去寻找替代物或到工厂去定做,使游戏情节进一步发展。

需要注意的是,角色游戏是幼儿已有经验的反映,幼儿的游戏水平是在原有经验的基础上一步一步慢慢提升的。教师参与和指导幼儿游戏,不能像上课一样预设目标,然后按照计划执行,而是要做好幼儿的玩伴,学会在幼儿现有的水平上帮助幼儿梳理问题、提升水平、扩展经验。

(2)以玩具材料为媒介,即教师通过提供游戏材料的方法来丰富游戏内容和促进情节发展,支持幼儿的游戏和学习。

> **探究**
>
> **红色的河流**
>
> 在扮演建筑师的角色游戏中,小朋友们正在用沙子建"城市"。他们在"城市"中间挖了一条弯曲的凹槽作为"河道",把水倒进去,但是"河"却慢慢不见了。水到哪里去了呢?小朋友们发现原来是沙把水"喝掉了"。
>
> 怎样才能留住水呢?小朋友们想到了一个办法:把三个碟子连接起来放在"河道"上,但碟子是红颜色的,"河水"就变成了红色的。
>
> 在集体活动的时间,教师为小朋友们带来了一个窄而细长的蓝色的盘子,问这个盘子可以用来做什么。马上有一个幼儿把盘子拿到"城市"的"河道"旁边,挪开原先的三个红色盘子,把这个蓝色的盘子放进去,然后加满了水。大家都很高兴,因为"城市"里有了一条长长的、蓝色的"河流"。
>
> **分析**:在这个案例中,虽然教师发现幼儿在游戏中遇到了困难,但并没有马上介入游戏中,而是通过提供游戏材料——一个蓝色的细长盘子的方法,支持幼儿的游戏和学习。

由以上案例可见,在游戏中,教师应注意观察幼儿游戏的情况,按需要随时增减与幼儿游戏主题相关的玩具和材料,引导游戏情节的进一步发展。教师可在活动室的一角设置一个百宝箱,以收集一些半成品和废旧物品,方便幼儿寻找替代物。

任务三 角色游戏的结束

一、提醒幼儿结束游戏

提醒幼儿结束游戏,并使幼儿愉快地结束游戏是教师组织指导角色游戏的任务之一。

教师需要掌握好结束游戏的恰当时机，即在幼儿的游戏兴趣尚未低落时结束游戏，这有助于幼儿愉快地结束游戏，同时使幼儿保持下一次继续游戏的积极性。

在结束游戏前，应提前提醒幼儿，使幼儿有思想准备，使其从容、自然、愉快地结束游戏，切忌简单命令其停止游戏。结束游戏的方式很多，可视游戏的内容和情节的发展灵活掌握。可以个别提醒，如请收玩具、整理场地需要时间较多的那组游戏先结束，也可以让情节不再发展的那些游戏早些结束。有的游戏开展得很好，幼儿兴趣很浓，如果场地条件允许，可以让幼儿继续玩完这一游戏。

二、教育、鼓励、督促幼儿认真收拾和整理好玩具、游戏材料及场地

教育、鼓励、督促幼儿认真收拾和整理好玩具、游戏材料及场地是结束角色游戏的内容之一。教育幼儿既要整理好自己用过的玩具，还要帮助其他幼儿收拾玩具、场地。在小班阶段，教师的重点在于带领小班幼儿收拾玩具，逐渐教会幼儿收拾玩具或场地的方法；在中班阶段，教师宜在幼儿需要时才予以帮助；在大班阶段，则应当要求幼儿独立、整齐地放好玩具。

三、组织幼儿评论游戏

评论游戏是指导游戏、提高游戏水平的方法之一。评论一般由幼儿和教师共同参加。如果本次游戏中教师发现了一些问题，也可以在此环节和幼儿共同商讨解决。主要有以下几种评论游戏的方法。

（1）讨论问题。如果本次游戏中出现了一些问题，如幼儿在游戏中发生了纠纷，或者游戏在中途难以开展下去、幼儿索然无味等，教师都可以让幼儿讨论是与非。在讨论问题的过程中，可以找到产生类似问题的原因，商讨解决的办法，进而使孩子们在此过程中积累解决问题的经验。如有些游戏中产生纠纷或混乱的原因在于幼儿缺乏某方面的生活经验，则意味着游戏任务的进展需要再回到任务一"角色游戏的准备"环节，教师可以找机会让幼儿通过参观等活动丰富生活经验；有些解决问题的办法则能生成新的游戏主题，激发幼儿去丰富游戏的材料环境；等等。

（2）现场评议。有时某些角色游戏开展得很好，为了给全体幼儿一个示范作用，教师可以保留游戏现场，组织幼儿一起进行现场评议，既有助于激发幼儿下次游戏的兴趣，又利于其他幼儿观察、模仿、学习、提升。

（3）汇报发言。游戏结束的时候，可以请各组的幼儿都来讲一讲他们是怎么玩的。例如教室里放几个玩具话筒，游戏结束后，想要发言的幼儿就去拿话筒，这样就有机会发言了。在这个过程中，教师可以有重点地抓住某些主题汇报，使它与今后的游戏联系起来。如剧院游戏小组汇报之后，教师说："听说你们明天演新戏，我明天想看，你们能卖张明天的票给我吗？"这样一来，许多幼儿要买预售票，扮演剧院售票员的幼儿要去拿票卖给大家，这又进一步丰富了剧院游戏的情节。

任务四　不同年龄班角色游戏指导的区别

在幼儿园的小班、中班、大班各个年龄阶段，由于幼儿的思维发展水平不同，角色游戏的具体表现和特点各有不同，因而教师对不同年龄班角色游戏指导的重点也有所不同。

一、各个年龄班角色游戏的区别

由于不同年龄班的幼儿思维发展水平处于不同的阶段，小班、中班、大班不同年龄班的角色游戏在游戏的目的性、角色扮演的能力、社会合作程度、关注的焦点等方面存在一定的差异（见表1-1）。

表1-1　各个年龄班角色游戏的差异对比

对比维度	小班	中班	大班
游戏的目的性	没有明确的目的	目的性、计划性增强	目的性、独立性增强
角色扮演的能力	角色扮演不稳定	游戏主题稳定	主题稳定、情节丰富、角色扮演表现力强
社会合作程度	独自游戏、平行游戏	联合游戏、合作游戏	合作游戏
游戏关注的焦点	游戏动作	扮演的角色	游戏规则、角色扮演的逼真程度

二、小班角色游戏的指导

在小班阶段，玩具的种类适当少些，但相同种类的玩具多些，角色游戏的情境主题应尽量鲜明一些，以增强幼儿的主题意识，从而减少主题的变换次数。在同一角色的扮演过程中，教师应诱导幼儿展开多个情节，以此来提高幼儿角色扮演的创造性和主题的稳定性。

教师应更多地参与游戏过程，以平行游戏法与合作游戏法的指导方式，通过角色之间的语言交流来指导幼儿选择自己的角色，正确地理解角色规范及其情节的构思，必要时，教师可以角色的身份示范或传授一些必要的游戏技能与方法。

在游戏指导过程中，教师应及时协调角色关系与现实关系，尽量减少现实关系的冲突对角色扮演及情节发展的干扰。因为小班幼儿还难以区分游戏过程中同伴之间的真实关系与角色之间的游戏关系，往往将二者混淆而导致游戏进程的混乱。

角色游戏结束时宜采用情感式讲评，以情感激发为主，尽量保持幼儿游戏兴趣，充分发挥游戏的娱乐功能；同时带领幼儿整理场地，收拾材料，逐步使幼儿养成良好的游戏习惯。

三、中班角色游戏的指导

在中班阶段，教师应引导并鼓励幼儿独立提出主题，通过协商的方式确定主题和分配角色，避免无谓争执，正面提醒幼儿注意游戏的集体性，从而培养幼儿独立解决冲突的能力和集体意识。

教师仍然要以角色的身份参与游戏，利用游戏关系和某些角色的特定规范，提示幼儿扩展游戏情节，尽量避免机械重复和生活经验的简单再现，充分展开想象，把生活中的新鲜事件引进游戏里，从而增加幼儿角色扮演的创造性和游戏内容的新奇性。

游戏结束，教师应有意识地吸引幼儿参与讲评，引导幼儿反思游戏内容和角色规范，加深幼儿对角色及其关系的理解和游戏内容的思考，从而培养幼儿的观察能力和社会交往能力。

四、大班角色游戏的指导

在大班阶段，教师可以较多地采取直接指导的方法，充分利用语言提示，以建议与讨论的方式引导幼儿展开想象，并且提醒幼儿适当注意游戏过程与现实生活的一致性，尽量在游戏中引进现实生活的真实性，从而将自由想象与生活逻辑的理性思考有机统一起来，促使幼儿在游戏中大胆想象的同时，保持想象的合理性。

教师还应指导幼儿采取协商的方式，多开展合作游戏并解决游戏进程中遇到的问题；更多鼓励幼儿用自制玩具、自找材料开展游戏，从而把作业式学习活动与游戏活动有机结合起来，促进大班幼儿综合能力的协同发展，同时拓展游戏范围和空间。由于大班幼儿合作能力的提高，独立解决问题的技能日益成熟，因而可以把游戏主题内容提前告知幼儿，给幼儿一个自行准备（包括材料制作和收集）的机会。这不仅仅是一个独立游戏能力的培养问题，更主要的是能够发展幼儿的作业式学习意识，使幼儿自觉地把作业式学习成就与游戏效果统一起来，进而认识到学习与游戏是同一过程的两个侧面，作业式学习成就（玩具制作、材料选配）会影响自己在游戏中获得的成功和愉快的体验。

在指导幼儿的角色扮演时，教师应引导幼儿把外部言行与内部动机统一起来，进而深化游戏主题；同时，从深层次上去把握现实生活中的人际关系，进而在游戏中把角色关系之间的情感、态度反映出来，从而避免角色扮演的表面化，提高角色扮演及情节发展的戏剧效果。

游戏结束时的讲评应引导幼儿反思游戏主题及内容的深刻性，进一步认识角色的心理活动，从而提高幼儿角色扮演的创造性和自我评价的能力。因为游戏的最终目的在于使幼儿适应社会现实生活，并非为游戏而游戏。

案例分享

会生长的角色游戏区

一、游戏产生的背景

场景1：娃娃家的"妈妈"下班了，但她不想回家，在活动室转来转去，说"我要买些东西"。

场景2："秋季"主题告一段落了，小朋友们要开一个"秋季展览会"以迎接家长开放日的到来。在"秋季"主题活动开展过程中，小朋友们收集并认识了许多水果和干果，还制作了许多工艺品，如水果娃娃、扎染纱巾、树叶拓印画等。

二、超市主题的生成

小朋友们收集了这么多的东西，怎么向家长展示呢？教师组织小朋友们进行了简单的讨论。有的幼儿提出可以让爸爸妈妈带走，有的幼儿说可以让爸爸妈妈假装买，也有幼儿提出疑问：让爸爸妈妈到哪里买呢？后来，小朋友们通过讨论得出了结果："咱们班开个超市吧！"一个新的角色游戏主题产生了。

三、游戏中产生的问题

教师和小朋友们整理各类游戏材料，共同布置了游戏环境，分配好角色之后，超市就正式开始"营业"了。在游戏中教师发现：有的"顾客"不交钱就拿走商品，有的"售货员"看到了也不管，有的"售货员"只顾埋头收钱，还有的"顾客"因为"钱"与"售货员"发生冲突。

四、银行主题的生成

游戏结束后，教师让小朋友们说说游戏活动中还有哪些需要注意的才能玩得更好。有的幼儿说："买了东西不付钱是不对的。"有的幼儿提出："没有钱，所以没有付钱。""是啊！没有钱怎么办呢？""我妈没钱了就去银行取钱。""我们有个银行不就行了？"……小朋友们在七嘴八舌的讨论中，决定再开个银行。

五、游戏中出现的问题

在教师和小朋友们积累关于银行的生活经验、收集材料、自制各类面值钱币之后，

"银行"开始营业,小朋友们都从"银行"取到了"钱"。

娃娃家的文文去"超市"买白菜。"售货员"接过她手中的"钱",但不让她把"白菜"拿走:"不卖,不卖!不能拿走!"文文不解:"我给你钱了,为什么不能拿走?""售货员"说:"就剩下这一个了。"文文在超市门口转来转去,趁"售货员"不注意把"白菜"偷回了娃娃家。"售货员"发现后大叫:"娃娃家偷超市的东西!"接着冲回娃娃家把"白菜"拿了回来。

游戏结束后,教师继续组织小朋友们讨论游戏中的问题。小朋友们认为超市的货物售完之后应该去工厂进货,大家需要再开一个"工厂"。

一、练一练

1. 练习内容

以小组为单位,自主选择某个角色游戏的主题,如"娃娃家""医院""烧烤店"等,进行游戏设计。

2. 练习步骤

(1) 准备相关游戏材料。
(2) 设计游戏环境布置图。
(3) 布置相应游戏场景。
(4) 组间介绍、展示、互评游戏设计。

二、目标达成情况评价

表1-2 单元一评价表

序号	学习目标	达成情况(在相应的选项后打"√")		
		能	不能	不能是什么原因
1	理解角色游戏的含义			
2	理解角色游戏的结构及价值			
3	掌握幼儿角色游戏组织指导工作各个环节的主要内容			
4	能够做好角色游戏的准备工作			
5	能够结合幼儿的特点、兴趣,组织并实施各个年龄班级的角色游戏活动			
6	能够在角色游戏中正确观察、分析与评价幼儿的行为表现			

参考文献

［1］叶小红．幼儿园游戏与指导［M］．南京：江苏教育出版社，2014．
［2］丁海东．学前游戏论［M］．大连：辽宁师范大学出版社，2003．
［3］刘焱．儿童游戏通论［M］．北京：北京师范大学出版社，2004．

单元二
幼儿建构游戏

学习目标

1. 知识目标
（1）理解建构游戏的含义。
（2）理解建构游戏的结构及价值。
（3）掌握幼儿建构游戏组织指导工作各个环节的主要内容。
2. 能力目标
（1）能够为建构游戏做充分的准备。
（2）能够结合幼儿的年龄和兴趣，组织和支持各个年龄班级的建构游戏活动。
（3）能够在建构游戏中正确观察、分析与评价幼儿的行为表现。

学时建议

6 学时。

单元结构图

环节	内容
情境导入	·幼儿积木游戏片段
知识准备	·什么是建构游戏？ ·建构游戏有哪些种类？ ·建构游戏有什么作用？
任务	·建构游戏的准备 ·建构游戏的组织与实施 ·建构游戏的结束 ·不同年龄班建构游戏指导的区别
案例分享	·建构游戏的生长点
评估反馈	·练一练 ·目标达成情况评价

情境导入

刚到幼儿园实习的小欣开始了一天忙碌的带班工作,今天她所在的中一班的班主任让她带小朋友们玩积木。她心想,玩积木这不很简单嘛,上学的时候记得老师说过,要给小朋友们立规矩,要不然很难管理。她发现建构区的积木不多,怕小朋友们争抢,所以把他们都召集起来后,开始提要求:每人只许拿一些,玩完要放回柜子,不能抢别人的积木⋯⋯小朋友们听完小欣的要求后就开始搭起积木来。但过了一会,小欣发现有小朋友拿积木当枪在对战,有小朋友因为积木不够,跑来跟她抱怨被别人抢了积木,她急忙过去解决争执,还没解决好,又有小朋友来找她说玩积木很无聊,不想玩了,想玩其他玩具⋯⋯她又赶紧引导。直到游戏快结束的时候,她一直忙着解决各种问题,根本没有时间和心思关心小朋友们建构了什么东西。小欣很纳闷,怎么玩个积木都这么难呢?

知识准备

一、什么是建构游戏?

建构游戏是幼儿通过运用各种建构材料和玩具构造物体形象,表达主观想象和客观现实的一种游戏。建构游戏材料丰富,玩法灵活多变,深受幼儿喜爱。幼儿的建构游戏始于2~3岁,高峰期出现在学前晚期。由于建构游戏是以建构材料为基础的象征性活动,象征性和建构性是建构游戏区别于其他游戏活动的重要特征。

建构游戏的象征性与幼儿的认知发展有密切联系。最初,象征性在建构游戏中表现为主客体不分化,例如,一名小班幼儿拿着一块积木在地板上推来推去,嘴巴发出"嘀嘀"的声音。这系列动作表明他正在开车。幼儿、积木、车三者融为一体,幼儿通过积木表达了对车的感受和想象,超越了积木本身的特性。然后,随着幼儿认知的发展,主客体逐步分化,这一变化表现为幼儿对建构物的真实性和逼真性的要求。此时,他已经不再满足先前简单想象的"车",而是要求一辆形态上"真"的车。通过各种建构技能使得建构物无论从外形还是内部结构都跟真实的车相似时,真正的建构游戏才正式开始。建构游戏不仅反映了幼儿对客观物体的认知和表征水平,而且反映出他们对建构物特有的社会属性的把握。他们在建构活动中不仅构建物体,也构建代表社会角色和社会关系的小人和动物。例如,两个幼儿正在积木建构物中放进几个塑胶小人,轮流担当"爸爸""妈妈""哥哥"和"姐姐"。幼儿在游戏中按照自己对这些社会角色的理解,开展假想游戏,体验不同角色之间的关系和情感。最后,在建构游戏中,幼儿最初专注于自

己的建构，后来偶然与小伙伴发生身体的碰撞或建构物的"碰撞"引发出合作游戏的发生、新的游戏的发生，这些游戏行为表明幼儿逐渐学会运用一些其他人也能理解的象征方式，并且能在这些象征形式和意义中学会与其他人进行讨论和交流。因此，建构游戏作为一种象征性活动，为幼儿提供大量创造、运用表征和符号的机会，对其认知发展有较大帮助。

建构性是建构游戏的又一基本特点。以积木游戏为例，幼儿最初只是把建构材料当作感觉材料，他们通过手的摆弄、敲击和其他感官途径，如嘴巴啃咬等获得有关这些材料的属性。到3岁左右才出现早期的积木建构活动。随着游戏经验的丰富和认知水平的发展，幼儿逐渐掌握了堆高、平铺、重复、架空、围合等基本建构技能，探索出一些建构的"模式"（模式是对一组事物之中各种元素之间的结构关系的觉察和认知，如积木颜色的组合，蓝—白—蓝），最后发展出利用建构物开展象征性游戏，为了游戏而建构。这是幼儿建构技能发展的必经阶段，但发展速度因人而异，丰富的建构体验会使很多幼儿的建构技能快速获得发展。幼儿体验越多，就会有越复杂的积木建构游戏。

建构游戏的象征性和建构性两大特征的发展过程正反映出幼儿认知和社会性二者协调发展的过程。在游戏中，幼儿通过日趋成熟的建构技能探索人与物之间的各种空间、逻辑关系，建构自己独特的认知活动结构，还促进自己对社会生活的理解和社会能力的发展。

二、建构游戏有哪些种类？

（一）按建构材料类型分

1. 积木类

在积木类游戏中，幼儿运用拼接、叠高、堆砌等游戏技能，利用积木表现出各种物体形象。由于积木形状多样，耐看耐玩，积木类游戏是幼儿园开展最为广泛的一类建构游戏。积木种类繁多，按照大小可分为大、中、小型积木。大型积木有木造的和泡沫胶造的。大型积木多为空心，适合让幼儿在较大的空间中开展建构游戏，多用于建构各种大型建筑，如公园、超市、小镇等，并可联合角色游戏进行。

2. 积塑类

在积塑类游戏中，幼儿运用各种塑料制成的块、片、粒或棒状的玩具，通过插、接、镶嵌等技能构造出各种物体形象。积塑玩具品种繁多，玩法多样，轻便且易清洁，是幼儿园常见的建构游戏材料之一。

3. 自然物类

幼儿运用自然界中的各种材料，如水、沙、土、雪等进行建构游戏。由于这些自然材料变化多样，易于获取，富含自然特性，不仅能满足幼儿对建构形象的需要，还能增进幼儿对自然的感知。

以上3种是幼儿园比较常见的建构游戏材料，除此之外，生活中一些常见的物品如火柴棒、塑料管等都可以选作建构游戏的材料。

（二）按建构作品的复杂程度分

1. 单元式建构游戏

建构游戏始于2~3岁，刚开始游戏时，幼儿对身边事物的观察能力还不够全面和深入，建构技能尚未成熟，因此，教师可根据幼儿的认知水平及建构技能重点开展单元式建构游戏，如搭建单个的房子、汽车、植物等，从而让幼儿掌握基本的建构技能。

2. 主题式建构游戏

随着幼儿年龄的增长，建构游戏的经验和技能的提升，他们不再满足于单一物品的建构。在平行游戏逐渐向合作游戏过渡的过程中，幼儿对建构游戏的主题和所使用材料的选择能力等游戏技能会在同伴合作中不断提高。在教师的引导下，中大班幼儿可以围绕某个主题，如"我们的幼儿园"讨论规划建构的内容和形式，分享经验，然后共同围绕此主题进行合作构建。

三、建构游戏有什么作用？

建构游戏为幼儿提供了学习与发展的契机，对幼儿的动手操作能力、数学认知、科学探究、读写能力、社交技能、个性品质及审美意识方面都有积极意义。

1. 促进动手操作能力

建构游戏中丰富的操作材料和动手实践体验对幼儿具有最直接的吸引力。在探索、摆弄各种建构材料的过程中，他们不仅仅丰富了对材料的认识，也在堆、叠、排、搭、围等操作过程中锻炼提升了手部小肌肉和手眼协调能力。随着年龄渐长，幼儿的符号象征能力渐强。他们从简单地用积木代替一辆汽车或人物，慢慢发展到能够有目的地运用各种材料展现自己对建构的想法与计划。这是幼儿的想象、计划与实践不断互相推动的过程。

2. 促进认知发展

玩建构游戏的过程涉及幼儿认知发展的多个方面，包括我们熟知的数学认知、科学探究和早期阅读等多个领域的核心经验的获得与发展。

幼儿对数学概念的理解首先是在实物操作的水平上表现出来，然后逐步发展到表象水平，最后发展到抽象的符号水平。建构游戏为幼儿创设了探究数与量、形状与空间关系的实践机会，大大促进幼儿符号象征能力的发展。他们在玩积木中不自觉地感知和理解了量的比较，如积木大小、长短、粗细等属性的比较。同时掌握了各种形状的基本特征，探索各种常见形状的分、合、拆、拼的转换，如能准确地区分各种常见形状、长方形可由几个大小一致的正方形组合而成等。还有，幼儿通过建构经验的积累逐渐对基本的空间概念、方位和空间关系有了初步的认识，如观察常见的建筑物而发现它们都是由基本的几何图形构成的、主题建构活动中各种建筑的前后左右关系的表现，甚至绘画幼儿周边社区的地图等。

探究既是幼儿科学学习的目标，也是科学学习的途径。建构活动本身就是一场充满未知的探究和冒险。在看似儿戏的游戏行为背后是人类千百年来勇于探索、不断试误的

科学精神的缩影。幼儿在搭积木的过程中发现各种问题，并在不断失败中尝试解决问题。例如怎样搭积木才能又高又稳、怎样用积塑拼成一辆小汽车或飞机等问题，在自己想办法、与同伴商量合作或者在教师的引导下成功解决，幼儿能真正体会到科学在生活和游戏中的有用性与趣味性，解决问题后的满足感与成就感。这就是科学的核心价值，即探究和解决问题的态度与能力。

此外，建构游戏还能促进幼儿读写能力的发展。例如，在搭建积木时，幼儿间的对话为练习口头语言提供了机会，幼儿需要通过语言表达交流自己的想法。同时，操作建构材料能促进小肌肉的灵活性与协调性，为幼儿未来的书写技能打下良好基础。当幼儿用不同大小和形状的积木，以及用视觉分辨力（比如能分辨 b 与 d 之间的差异）帮助建构楼房中的对称结构时，他们都在练习这些技能。在建构区幼儿有很多练习前书写的机会，但这有赖于教师有目的地为幼儿提供材料、示范和协助。例如在建构区，除了积木、积塑等材料外，教师还可为年龄稍大的幼儿提供贴纸、纸、笔、建筑物照片、标志制作材料等，以此帮助幼儿开展与建构有关的阅读、书写活动，这些都能培养幼儿前阅读、前书写能力。

3. 促进社会性发展

幼儿阶段是人社会性发展的重要时期。社会化是一个潜移默化的过程，需要相关经验和体验的积累。建构游戏中幼儿历经互相模仿、联合建构到合作游戏等阶段。建构游戏过程中对物品的摆弄和建构不仅给幼儿带来了快乐和满足的体验，也让他们自然地学习与人相处，形成对人对己的正确态度。他们通过感知、观察真实世界后，按照内心想法去搭建事物，这正是他们逐步认识周围社会环境的过程。幼儿在游戏材料不足、场地不够或意见不统一等必然出现的摩擦矛盾下，逐渐接受所在群体认可的价值观和行为方式，内化社会行为规范，发展适应社会生活的能力。良好的人际关系的建立，可促进幼儿表现出积极、乐观、自信的个性特征和更多的亲社会行为。

4. 促进审美意识与创造力的发展

体验性与表现性是儿童艺术的特点。在建构活动中，幼儿通过模仿和想象，创造性地运用各种建构材料表现出他们所观察和感受到的人、事、物，反映出幼儿在建筑与设计美感方面的感受与表现力。在建构活动中，他们通常会通过以下几种方式来展现自己的审美意识与创造力：为作品增加与功能无关的审美细节，如在建成的房子上添加植物、装饰性布置；在评价自己或他人建构作品时发展艺术审美；运用想象力创造出现实世界不存在的建构作品，如带有翅膀的汽车、三头六臂的橡皮泥娃娃等。

为了保证幼儿不仅能积极愉快地投入建构游戏，还能在他们玩游戏的过程中促进其各个方面发展，需要教师从游戏的准备、游戏的组织与实施、游戏的结束，以及根据年龄段进行有针对性的指导这四个方面开展工作。

幼儿游戏理论与实践

任务一　建构游戏的准备

一、创设适宜的游戏环境

适宜的建构游戏环境要求教师提供足够的空间和充足的建构材料。建构材料种类繁多，大小各异，小的建构材料可以在桌面玩，对于大的建构材料如中大型的积木，就需要在活动室规划出足够大的空间，既能容纳多名幼儿同时活动，又能有位置让幼儿实现自己的想法。假若空间不够，幼儿很容易意外触碰到同伴的建筑物而导致冲突发生。同时，建构游戏区应尽量设置在安静而又远离室内主要过道的地方，游戏柜以半包围的形式摆放，形成一个安静宽敞的建构空间。区域内还需要预留位置摆放幼儿当天未完成或完成了希望能保留一段时间给大家欣赏的作品。建构游戏的材料丰富，为了方便幼儿取放，应放置在开放式的玩具柜上，分类放好，并做好标记，帮助幼儿形成分类摆放的良好游戏习惯。

二、丰富有关建构的认识与经验

幼儿对建构游戏的兴趣来自于他们生活中对事物的观察和积累。幼儿对生活中各种事物观察得越多越仔细，形成的印象便越清晰深刻，才能在建构游戏中把脑海中已有的形象通过建构技能表现出来。因此，教师需要在日常生活中利用各种机会如散步、郊游等有意引导幼儿观察各种建筑物的外部特征、各种交通工具的特点、园林绿化的布置等，也可以借助图片、视频等方式间接观察世界的著名建筑，这些直接经验和间接经验都有利于丰富幼儿头脑中有关各种事物的形象，激发他们运用建构材料去表现。

三、规划足够的游戏时间

充足的游戏时间是高质量游戏的必要条件。教师应根据幼儿的年龄、建构水平、兴趣、主题等来规划建构游戏的时间。幼儿刚开始玩建构游戏时，主要以简单重复的堆叠或单个物体的建构为主，游戏时间相对不需要太长，约 15~20 分钟。但随着年龄渐长，幼儿的建构技能不断增强，在教师的引导下，建构游戏逐渐走向主题化、合作化，游戏时间必然需要做出相应的延长。教师既可以根据幼儿园作息安排和游戏进程决定时间长短，也可以在游戏开始之前与幼儿商量游戏时间，或游戏前告知幼儿假如未能在今天有限时间内完成，他们可以选择在游戏结束后把未完成的作品放于何处，待下次游戏时继续建构。切勿因时间或场地限制，强硬终止游戏。这样做很可能会让幼儿认为教师并不重视自己的作品，自己不被尊重，影响幼儿日后对建构游戏的兴趣。

单元二 幼儿建构游戏

任务二 建构游戏的组织与实施

一、激发兴趣，愉快参与

对于幼儿来说，建构游戏的快乐主要来自于两方面，一是游戏过程本身，在操作摆弄中获得满足感；二是游戏的结果，即通过操作建构出一些作品让他们兴奋和开心。教师可以运用不同方式激发幼儿的好奇心，促使他们愉快地投入活动。

1. 从生活中的兴趣点出发

教师可以有意识地引导幼儿根据前期准备阶段的生活经验积累或在某一个时期的兴趣点，提出相关的建构物品或主题。例如，在春游时，幼儿在车上看到了跨海大桥。在后续一周内，幼儿好几次都提起这座桥，这时教师便可根据幼儿对桥的兴趣开展一次有关如何搭建桥的建构游戏。

2. 用作品吸引幼儿兴趣

从欣赏示范物入手，吸引幼儿对建构游戏的兴趣是教师常用又便捷的方法之一。教师可根据幼儿的年龄特点，用真实的建构作品、半成品或图片、视频等激发幼儿产生建构愿望。如小班的幼儿可以参观中大班幼儿的建构作品，年龄较大的幼儿可以通过看图片、视频等方式去了解世界各地建筑物的风貌，以此来激起他们创作的热情。在建构区或主题墙上张贴教师、幼儿和家长共同收集的各种建筑照片，或放置各种辅助材料也能直接地激发幼儿参与建构游戏的愿望。

3. 结合各种图画书、地图、生活事件等资源来创设特定游戏情境

建构活动不仅仅是关注建构物本身，它与幼儿生活的家庭、社区甚至城市都是息息相关的。教师可以借助图画书、地图和生活事件等来创设特定的游戏情境。譬如，备受幼儿喜爱的绘本《母鸡罗斯去散步》中就涉及各种农场的建筑物和地图的概念。教师可以借助绘本故事里的建筑物形象、母鸡罗斯散步的路线图等引导幼儿开展主题建构游戏。这样不仅能够激发幼儿参与建构的积极性，还能在建构过程中深化幼儿对故事情节、人物情感的理解，较好地促进幼儿在建构游戏中获得更丰富和完整的体验。

二、建构过程的指导

教师在幼儿建构游戏过程中的主要任务是观察和适时引导。观察的内容包括建构的目的、主要兴趣点、建构技能水平、游戏中反映的社会生活及遇到的困难。随着幼儿年龄的增长，幼儿在建构游戏中的行为表现及其背后涉及的认知、情感、社交、精细动作发展方面都有所变化。因此，对建构游戏的指导要基于对幼儿发展和游戏的充分理解之上。

幼儿建构技能的获得是建构游戏的前提条件。教师首先要熟悉各类建构材料的特点和各种建构技能，然后通过认真全面的观察，才能了解每个幼儿的空间认知能力、精细动作和建构技能的发展水平及瓶颈。在观察的基础上，教师便可有针对性地进行操作技

能指导，推动建构游戏进程。根据指导对象不同，教师可采用完整操作指导和细节操作指导两种方式。完整操作指导适合刚刚接触建构游戏的幼儿，即教师完整地把建构过程演示一次，让幼儿清楚地了解建构游戏的玩法和步骤。细节操作指导则在游戏过程中幼儿出现无法解决的困难或要求更高的建构游戏技法时采用，此时教师给予间接或直接的示范，以使游戏继续下去。譬如，在一次建构游戏中，幼儿提出想搭建一座桥，继而开始尝试自己动手搭建桥。有些幼儿一举成功，不需要教师的帮助；有些幼儿已经搭出来了，但桥不够稳定，需要在教师口头提示下调整桥墩的距离或重新选择更适合做桥墩的积木；还有些幼儿试了几次都不成功想放弃，这时也需要教师及时介入，根据对幼儿建构水平的观察，采取口头上的提示或者个别操作细节上的辅助，帮助幼儿找出问题所在，从而维持幼儿游戏的兴趣。

除了技能指导外，教师还应该根据幼儿游戏的水平提出适度的挑战，促进幼儿在最近发展区内获得建构技能及其他方面的提高。例如，当看到幼儿建成了一座两层楼房，教师首先肯定他的努力，然后可以提出这座楼房叫什么，是谁住的，别人怎样才能知道这座楼房的主人是谁等一系列问题，引导幼儿思考如何装饰楼房让其更具特色。又如，鼓励幼儿思考楼房的一楼与二楼之间怎样运用楼梯能使之连通。

除了教师的直接指导外，同伴间的模仿学习也是建构游戏中非常有效的游戏策略。教师可把两名建构水平相近的幼儿安排在一起玩，水平稍低的幼儿能在自然的游戏环境中观察模仿水平较高者，从而提升他的游戏水平。

探 究

教师在建构区准备了泡沫积木、彩色木头积木、彩色插塑积木、雪花片等建构材料，有五位小朋友走进了建构区。

健健先选择了几块长方形的泡沫积木，又拿了一块拱形积木，很快搭好了一座房子，但说实在的，这座房子和他往常搭的房子没有太多区别。

兴兴拿着一些圆形的插塑积木，漫无目的地摆弄着。教师问："兴兴，你在搭什么"，他低着头没有回答。

而星星、涛涛、康康三人则开心地坐在拱形积木上，涛涛和康康拿着积木互相交流些什么，而星星则漫无目的地搭了拆，拆了搭，三人之间偶尔有一些简单的互动。

分析： 从兴兴漫无目的地摆弄，星星对自己反复拼搭的都不满意，不难看出幼儿的建构经验还是比较缺乏的，他们只是根据自己已有的经验在尝试建构。在整个区域活动中，幼儿缺乏有效的沟通交流和合作，区域的环境创设对幼儿拼搭的启发也不多。就算个别能力强的幼儿也局限于平面造型，即是那种平铺在地面或桌面上的拼搭，并没有三维立体的概念。

思考： 针对以上情形和分析，在游戏环境和材料上如何调整才能促进游戏的发展和深入？

三、帮助制定有助于建构的规则

　　合适的规则是建构游戏顺利开展的重要保障。针对不同年龄幼儿的建构游戏，教师需要有针对性地制定游戏规则。对于较小的幼儿，他们很多时候都是在独自建构和平行建构，并处于规则意识萌发阶段。因此，教师应引导他们明白建构游戏的基本玩法，并向他们提出一些简单的要求，如能做到轻拿轻放，玩完后收拾玩具，不能随意拿或推别人的积木等。随着幼儿年龄渐长，其建构技能提高，合作游戏渐增，教师可结合游戏过程中出现的问题组织幼儿一起商议制定建构游戏的规则，引导幼儿理解适度的规则对游戏的积极意义，逐渐从"要我遵守"到"我要遵守"过渡。例如，有幼儿提出在建构的时候经常被取玩具的幼儿打扰，甚至踢翻他们的作品。教师借此机会引导大家讨论怎样才能在不影响别人的情况下取得自己的玩具，大家纷纷提出想法，最后得出在做建构游戏时要离玩具柜远些。教师顺势提出建构时要离开玩具柜至少1米，并在地板做好标识线，提醒幼儿遵守。

　　规则是必需的，但要考虑规则的必要性和适宜性。对于同样的建构游戏规则"建构区活动结束时，所有积木都必须收拾放回玩具柜里"和"建构区的玩具不能离开活动区域范围"，可能对于刚开始玩建构游戏的小班幼儿来说，这些简单易懂的规则是有利于培养规则意识和良好的游戏习惯的，但对于大班幼儿就会对游戏的扩展和深入带来限制。有限的游戏时间不足以满足他们合作构建大型主题建构作品的需求，有限的空间则极有可能限制了跨区游戏的可能。因此，教师需要根据对幼儿游戏水平的观察，结合自身的专业知识去制定合适的建构游戏规则以保证游戏的顺利开展。

探究

　　大班开学初，我选择了一些合作建构的主题，如"美丽的公园""动物园""我们的小区""各种各样的桥"等。

　　活动开始前，我把之前收集的许多小区图片做成课件一一展示给小朋友们看。同时告诉他们小区的房子是什么样子的，由哪几个部分组成；小区的公园是什么样子的，应该有哪些设施；小区的大门是什么样子的，可以分几个门。然后我就出示了一幅我自己构建的小区示例图。

　　在活动正式开始前我按照惯例，先是提出了活动常规要求，诸如材料不能一次拿太多，用多少拿多少；小组与小组之间保持一定距离；注意自己的动作不能影响到其他小朋友，然后就给每个小组规定了活动区域，同时要求小朋友们只能在自己的规定区域中活动。

　　建构活动开始后，我发现小朋友们参与度不太高，几个平时表现好的小朋友甚至在纠正其他小朋友的作品。小毕："天天，你这个房子做得不对，房子的顶是尖尖的，应该用这个尖的搭。"安安："这个公园应该搭在我们房子的中间，刚刚老师都给我们看过了。"几个平时比较活跃聪明的小朋友一边搭着自己的小区，一边仔细观察我的小区构建示例图。

> **探 究**
>
> 最后活动结束，所有小组的作品几乎千篇一律，而模版就是我的示例图。我感觉所有小朋友的兴致都不高，显然这个活动失败了……
>
> **思考**：为什么教师认为这个活动是失败的？幼儿在建构游戏中的表现与教师的要求之间有何联系？对于大班的幼儿，怎样的游戏规则才是合适的？

任务三　建构游戏的结束

结束与讲评是游戏的收尾和总结，也可以是下次游戏的铺垫和起点。教师在此环节组织幼儿有序收拾玩具和场地。对于需要保留的作品，或划定区域进行存放供大家欣赏，或通过拍照、拍视频等现代信息技术对作品进行记录收藏，然后组织幼儿利用几分钟进行讲评。讲评要有的放矢，时间控制好，以免幼儿失去耐性和兴趣。

讲评包括讲述与评价。教师可以围绕以下三个方面引导幼儿进行讲评。

1. 幼儿对自己及同伴的作品进行评价

教师引导幼儿围绕"建了什么？用什么材料建？怎么建的？自己做还是跟同伴合作完成？你的作品跟别人有什么异同之处"等议题进行讨论，鼓励幼儿思考表达的同时也要根据当天的游戏情况进行有针对性的提问。

2. 幼儿间对游戏过程中出现的问题进行讨论

游戏过程中难免会发生各种小技术难关和人际小矛盾，因此在总结阶段引导幼儿思考讨论游戏中出现的问题，既能让幼儿通过交流互相学习建构技能，又能增强幼儿遵守游戏规则的意识，还能促进幼儿人际交往能力的提高，可谓一石三鸟。例如，教师可以问：刚才游戏中遇到哪些问题，又是如何解决的；大家发现如何收拾才能又快又好；两位小朋友都想玩这个积木，但我们只有一块，怎么办；等等。

3. 教师进行整体点评

教师言简意赅地概括建构游戏的主题，肯定幼儿的成果和优点，并对下次游戏提出期望和建议。教师及时对全体及个别幼儿进行肯定是非常必要的，教师的鼓励与认可能极大地满足幼儿的成就感，并激发他们继续游戏的愿望。同时，教师也要对突出的问题提出建议，使幼儿明白教师的期望。

教师组织幼儿对建构游戏进行讲评，不仅能提高幼儿整体的建构游戏水平，同时也有利于对自身的工作进行反思，为后续的游戏开展提供思路和经验。

单元二 幼儿建构游戏

探究

一次建构游戏中,幼儿尝试用架空的方法搭高楼失败后还是选择用堆砌的方法。如果幼儿长时间停留在"堆砌"阶段,将大大影响幼儿塑造物体的形象性和丰富性,久而久之,幼儿对建构游戏的兴趣和追求就会大打折扣。因此,找到类似的制约幼儿游戏发展的关键性难题,并组织幼儿进行解决,对游戏的推进至关重要。教师要通过观察幼儿的表情、持续探索的时间及次数,及时发现阻碍幼儿游戏发展的关键性难题,也可以通过在游戏分享阶段让幼儿说说自己在游戏中遇到的困难,有意识地引发群体对有代表性的问题进行讨论,也可由此生成各种探究性课程,借机拓展和提升幼儿解决各种问题的能力。

任务四 不同年龄班建构游戏指导的区别

一、各年龄班建构游戏的区别

幼儿园阶段的建构游戏虽有很多共性,但在实践中,教师会发现不同年龄段的幼儿在建构游戏中的表现有很大区别,即使是同一年龄班的幼儿在建构技能、目的性、合作性方面也有明显的个体差异性。因此,教师需要根据幼儿的年龄特点,对小肌肉发展水平、认知能力、建构技能和经验等方面进行观察,然后再决定采用何种指导策略。以下为各年龄班建构游戏的特征比较,如表 2-1 所示。

表 2-1 各年龄班建构游戏的特征比较

年龄班	建构的目的性	建构主要兴趣点	作品特点	游戏的社会性
小班	经常没有明确目的;边建边想;先建后命名	喜欢尝试各种建构动作;探索各种材料的特性;重过程,轻结果	作品随意建造,结构简单;喜欢连接、延长、加高等延展性建构作品	独自游戏、平行游戏为主
中班	目的性、坚持性渐强;主题比较明确	既重过程,又重结果;尝试按实物模拟、照图模拟建构	从延展向整体布局过渡;作品更立体、复杂	联合游戏为主,逐渐过渡到合作游戏
大班	目的明确,计划性强;先计划、命名,后建造	能独立、长时间建构;喜欢合作建构大型作品;喜欢为建构物进行美化装饰	有明显的主题性;讲究对称、平衡、立体感;有情节,常联合角色扮演进行假想游戏	合作游戏为主,事前会计划、协商、分工;有时能独立解决矛盾

27

二、小班建构游戏的指导

小班建构游戏的发展目标主要有以下三点。

一是喜欢参与建构游戏，乐于探索各种建构材料，能识别常见的建构材料，如积木、积塑、沙、水、土等。

二是学习连接、延长、堆叠、包围、加宽等基本的建构技能，能独立建造形状简单的物体如桌子、门、花等，并具备该物体的基本特征。

三是能明白建构游戏的规则，养成轻拿轻放、不扔不抢、玩后要收拾等良好游戏习惯。

以上目标的实现，需要教师做好几件事情。

（1）联系幼儿生活经验，创设直观、生动、有趣的建构游戏情境。小班幼儿以具体形象思维为主，因此教师应适当运用情境、故事等激发幼儿兴趣。如通过"天气这么热，要不我们拼把风扇，让她凉快凉快吧""小娃娃想睡觉了，我们可以一起动手拼张床"等情节带动幼儿投入游戏，并以此确定游戏的方向。若幼儿在建构中转换了主题，教师可以通过聆听和观察，判断这一变化是否会偏离预设的目标，思考后续的指导策略，千万不能强迫，以免幼儿对建构游戏失去兴趣。

（2）提供场地和数量充足的建构元件以满足幼儿的动手需求。小班幼儿以独自游戏和平行游戏为主，因此需要足够的空间减少彼此的干扰。同时，由于他们享受的仅仅是摆弄建构元件的过程，所以教师提供的建构材料类别不需要太多，但数量一定要足够多，这样既能满足他们摆弄的需要，又能减少因材料种类太多而花费大量时间在选择材料上，或因看见别人玩的与自己不同而发生争抢。

（3）引导幼儿认识各类建构元件，学习基本建构技能。小班幼儿的建构技能刚发展，因此需要教师多示范讲解，反复指导幼儿建构的方法，不断鼓励幼儿尝试，及时引导他们对作品进行命名，以促进他们明确游戏的目的，维持游戏兴趣。

（4）逐渐培养幼儿遵守简单的建构游戏规则。教师可以采取环境提示和口头提示两种方式。例如，在建构区内张贴浅显易懂的图标和图文并茂的规则，能提醒幼儿爱护玩具、有序拿放、玩后收拾等。同时，在游戏前提出明确的要求，在总结讲评时及时讨论规则等都能较好地帮助幼儿形成遵守游戏规则的意识和习惯。

三、中班建构游戏的指导

中班建构游戏的发展目标主要有以下三点。

一是乐于利用各种建构材料，认识高低、宽窄、厚薄、轻重、长短、前后等。

二是能目的明确地建构物体，会看平面图，能和同伴一起玩主题建构。

三是能较好地理解和维护游戏规则，会初步评议游戏成果。

以上目标的实现，需要教师做好几件事情。

（1）随着幼儿生活经验的增多，活动范围的扩大，在小班基础上进一步鼓励幼儿对身边常见的建筑物及其他具有造型特点的物品进行细致观察，激发建构的兴趣和想法，并帮助他们把想法记录下来，为后续的建构活动打下基础。

（2）引导幼儿学习设计简单的建构方案，指导幼儿掌握更多建构技能。根据幼儿的兴趣，组织集体或小组讨论设计建构方案，在目标驱动下学习更多复杂的建构技能，如架空、桥式和塔式等建构技能，形成里外空间概念。鼓励创造性建构和合作建构，如引导幼儿思考怎样搭出有特色的桥，鼓励3~4个幼儿通过分工合作搭建一个主题动物园等。

（3）完善建构游戏规则，组织幼儿互相评议游戏成果。随着年龄增长，幼儿的自主意识和规则意识渐强，开始尝试分工合作，但因缺乏经验，经常在分工、主题选择和材料使用方面出现矛盾。教师借此契机引导幼儿对游戏前后出现的问题进行思考，尝试通过讨论找出解决办法，进一步完善建构游戏规则。此外，教师可引导幼儿通过自评和互评学会分析评价作品，锻炼语言表达能力，并在互相学习中进行换位思考。

四、大班建构游戏的指导

大班建构游戏的发展目标主要有以下三点。

一是乐于合作和创造，喜欢建构造型更复杂、具有创意的物品。

二是能使用各类辅助材料装饰建造物体，会区别左右、里外。

三是能合作协商游戏的主题，建造复杂物体，并对建构物进行分析评价。

以上目标的实现，需要教师做好几件事情。

（1）指导幼儿进行集体主题建构活动。通过不断丰富幼儿的建构造型知识和生活印象，教师引导幼儿围绕一个主题进行长时间的大型建构活动。引导幼儿掌握主题建构的步骤包括讨论、命题、商议建构的步骤及方法、分工和确立规则等。

（2）多采用语言提示的方法教会幼儿掌握新的建构知识和技能，重点指导幼儿运用新的技能去实现自己的构思。同时，提供足够的材料、空间和时间，不断鼓励幼儿尝试用新材料搭建和装饰，尝试用不同方法去解决问题，从而提高幼儿建构的独立性和创新意识。

（3）重视建构后的总结评价环节，提高幼儿对建构成果意义的认识和分析评价的能力。总结评价环节形式可以多样化，例如通过展览会、拍照、画画等形式帮助幼儿更多维度地提高对作品的认识，增强建构的兴趣和信心。也可以联合其他活动开展假想游戏、语言游戏、数学游戏等。

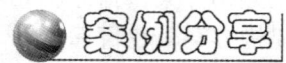

建构游戏的生长点

一、案例名称

从三张纸到一张纸。

二、案例实录

轩轩是个大班的孩子,活泼,颇具领导气质。活动开始时他搬了好多圆柱积木、长条积木和大面积方块积木等。在搭建中,他将多个圆柱积木作为地桩,将大面积方块积木延长、围合作为餐厅的四面,把长条积木平铺在圆柱积木上,再将小型方块积木围合作为餐厅的第二层,这样餐厅就初具雏形了。

这时,轩轩看到旁边的奇奇在搭桥,就对他说:"我可以和你一起搭吗?你的大桥可以通到我的餐厅来,这样客人就可以直接进来吃饭了。"奇奇同意了。在建构的时候,桥一直无法保持平衡。

奇奇说:"怎么办啊?它一直倒,我搭得都烦了。"

轩轩说:"我来看看怎么办。"轩轩趴在地上看着,一边看一边用手比画着圆柱积木的距离。

轩轩说:"啊!奇奇你看,这里的距离比那里的距离小,所以它没有倒,我们可以把这边的柱子都移得近一点,这样就不会倒了。"轩轩兴奋地调整着圆柱积木的间隔,并一直将桥搭到了2米多长。

这时,教师说:"已经搭好积木的小朋友可以用纸和笔画下你们的作品。"

轩轩拿来一张纸放在桥墩的旁边,根据桥墩的位置按近似1∶1的比例在纸上画着,可是只画了3个桥墩就满了。

轩轩说:"老师,我的纸不够画了,我还想要纸。"

教师又给了轩轩两张A4纸。轩轩把纸连在一起,放在桥边上用前面的方式继续画,发现还是画不下这么长的桥。

轩轩困惑了:"怎么办呀?"

过了一会儿,他提着嗓子对教师说:"老师,桥太长了,还是画不下。"

教师思考片刻,便从自己手机的相册中调出一张照片,说:"你看这小小的一张照片,就把我们整个幼儿园都反映出来了,还有车站、马路……你的纸比我的手机大,为什么画不下桥呢?"

轩轩想了一会儿说:"哦,我知道了,因为没有把它变小。"于是他重新拿了一张纸,将自己的作品"桥"画在了一张纸上。

三、案例思考

以上案例中两名幼儿的建构行为具有什么特征?建构游戏中幼儿获得了哪些方面的发展?教师使用了直接指导还是间接指导?为什么要这样做?假如你是轩轩的老师,在你的引导下,轩轩还没能想到该怎么办。下一步,你会怎么做呢?

一、练一练

1. 练习内容

以小组为单位,自主选择某个建构游戏的主题,如"公园""幼儿园""我喜欢的房子"等,进行游戏设计。

2. 练习步骤

(1) 准备相关游戏材料。
(2) 拟定相应年龄班的游戏目标。
(3) 布置相应游戏区域或场地。
(4) 组间介绍、展示、互评游戏设计。

二、目标达成情况评价

表2-2 单元二评价表

序号	学习目标	达成情况(在相应的选项后打"√")		
		能	不能	不能是什么原因
1	理解建构游戏的含义			
2	理解建构游戏的结构及价值			
3	掌握幼儿建构游戏组织指导工作各个环节的主要内容			
4	能够做好建构游戏的准备工作			
5	能够结合幼儿的特点、兴趣,组织并实施各个年龄班级的建构游戏活动			
6	能够在建构游戏中正确观察、分析与评价幼儿的行为表现			

参考文献

［1］刘焱. 儿童游戏通论［M］. 北京：北京师范大学出版社，2004.

［2］HANLINE M F, MILTON S, PHELPS P. Young children's block construction activities: findings from 3 years of observation［J］. Journal of early intervention, 2001, 24 (3): 224 - 237.

［3］叶小红. 幼儿园游戏与指导［M］. 南京：江苏教育出版社，2014.

［4］李季湄，冯晓霞.《3～6岁儿童学习与发展指南》解读［M］. 北京：人民教育出版社，2013.

［5］姚敏珏. "建筑物"搭好了：一次建构游戏的反思与调整［J］. 幼儿教育，2016 (29): 18 - 19.

［6］王晓虹. 把真正的游戏还给幼儿：教师组织结构游戏的常见问题及应对策略［J］. 新课程（下），2013 (2): 112 - 114.

［7］朱唯一. 把真正的游戏还给幼儿：以大班两次建构游戏《美丽的小区》为例［J］. 教育界，2016 (20): 68 - 69.

［8］邱学青，林艳娟. 从三张纸到一张纸：浅议建构游戏中的生长点［J］. 幼儿教育，2016 (25): 4 - 6.

单元三 幼儿表演游戏

学习目标

1. 知识目标

（1）理解表演游戏的概念和特点。
（2）理解表演游戏的要素和教育功能。
（3）掌握幼儿表演游戏组织指导工作各个环节的主要内容。

2. 能力目标

（1）能够做好表演游戏的准备工作。
（2）能够根据幼儿的年龄特点，组织指导幼儿开展表演游戏。
（3）能够在表演游戏中正确观察、分析与评价幼儿的行为表现。

学时建议

6学时。

单元结构图

情境导入	·幼儿表演游戏片段
知识准备	·什么是表演游戏？ ·表演游戏与角色游戏有什么不同？ ·表演游戏包含哪些要素？ ·表演游戏有哪些种类？ ·表演游戏有什么作用？
任务	·表演游戏的准备 ·表演游戏的观察与指导 ·不同年龄班表演游戏指导的区别
案例分享	·小班表演故事《小蝌蚪找妈妈》 ·大班表演故事《小熊拔牙》 ·中、大班表演故事《小熊请客》
评估反馈	·练一练 ·目标达成情况评价

情境导入

情境1：餐后活动时间，几个女孩子来到"快乐舞台"，教师播放音乐，她们便主动地在材料柜里拿出头箍戴在头上，把纱巾披在肩上或系在腰上，跟着音乐蹦蹦跳跳。后来，随着加入的小朋友越来越多，舞台的场地不够小朋友们一起蹦跳，于是他们开始商量分组轮流装扮，在舞台上走秀。

情境2：军军从家里带来了一本《铠甲勇士》的图书，餐后活动时，军军拿着图书和旁边的小朋友分享，开始的时候是讲述图书，一会儿后军军把图书放在椅子上，站起来模仿铠甲勇士的动作，喊道："变身，消灭你这个破坏地球的怪兽！"几个男孩子纷纷站起来，围在军军的旁边一起变身成"铠甲勇士"。突然，然然指着刚走过来的昊昊说："他是怪兽，我们来打怪兽！"军军、然然和另外两个男孩子追着昊昊打，昊昊急着说："你们搞错了，我不是怪兽，我是好人。"然然说："那好吧，你是好人，啊，窗外有怪兽，铠甲勇士变身。"接着，军军等几个扮铠甲勇士的男孩子往然然指的方向跑走了，这时书被扔到了地上，椅子被撞翻了，其他小朋友的路被挡住了……

很多幼儿园里都会有诸如"表演区""小舞台""我型我秀"等的区域创设，也会提供诸如音乐播放器、头箍、纱巾、服装等用具，那么情境1中的游戏是否属于表演游戏？为什么？情境2中游戏是小朋友们在餐后活动时间自发开展的，这是否属于表演游戏？为什么？小朋友们把书扔在地上，撞翻了椅子等，教师该如何应对呢？

知识准备

一、什么是表演游戏？

1. 表演游戏的含义

表演游戏是指幼儿"按照童话或故事中的情节扮演某一角色，再现文学作品内容的一种游戏形式。它以幼儿自主、独立地对作品的理解去展开游戏情节"。角色游戏、表演游戏都属于假装游戏。假装游戏是指幼儿能利用表象将眼前存在的东西（如小木棍、石头、纸条）想象为另一些眼前不存在的东西（如枪、鸡蛋、面条）的游戏。它产生于幼儿有了表象之后，并在2~6岁间达到高峰。因此，我们可以把表演游戏理解为幼儿根据一定的故事脚本，经过想象加工，综合运用语言、表情、动作及头饰、服装、道具等进行表演的一种游戏形式，如幼儿表演的童话剧、故事剧、音乐剧、人偶剧等。因此，我们可以判断情境1中的游戏并不属于表演游戏,而情境2中"铠甲勇士变身打怪兽"的角色和行为都是来自图书《铠甲勇士》的内容,幼儿模仿了书中角色的动作,并根据书中的故事情节进行游戏,故这样的游戏属于表演游戏。

2. 表演游戏的心理学基础

表演游戏的核心要素是"假装"。斯米兰斯基(Smilansky)和希福塔娅(Shefatya)于1990年提出与"假装游戏"有关的六个发展因素。一是模仿角色扮演:幼儿利用表情、动作、姿势等扮演他人或物,如情境2中,幼儿用变身的动作来扮演铠甲勇士,又如有的幼儿用翻看小伙伴的手、检查小伙伴的嘴巴的方式扮演医生等。二是与玩具有关的假装:幼儿以角色的身份使用玩具或材料代替角色的用具,如用扇子当成超人的武器,用彩笔当作魔法棒。三是与动作、情境有关的语言假装:幼儿使用角色的语言辅助动作进行角色的扮演,如有的幼儿用"宝贝,妈妈好爱你"的话来扮演妈妈。四是角色扮演的坚持性:幼儿能够持续进行角色扮演10分钟以上。五是社会互动:2个或2个以上的幼儿一起进行扮演。六是言语交流:扮演的幼儿群体能够使用角色的语言进行交流。

3. 表演游戏的特点

(1) 游戏性。表演游戏作为游戏种类之一,完全是幼儿自主的独立活动,幼儿在理解文学作品的基础上,以自己的方式去表演其中的一个角色、一个情节,幼儿陶醉其中,自得其乐。例如在童话表演《白雪公主和七个小矮人》中,七个扮演小矮人的幼儿为了表演小矮人比白雪公主矮的细节,弯曲着腿与扮演白雪公主的幼儿比身高,一边比画着自己到"白雪公主"的肩,一边哈哈大笑。

(2) 表演性。与其他种类游戏相比,表演游戏的特点在于其表演性,从选择一个文学作品开始,幼儿表演的角色、表演的情节甚至道具的使用都是围绕特定的"脚本"进行的。例如在童话表演《孙悟空三打白骨精》中的金箍棒,在《白雪公主和七个小矮人》里摇身一变,变成了恶毒皇后变身为巫婆后手里的拐杖。幼儿自发地调整自身的形态、语言、材料去表演故事,体现了表演游戏的表演性特点。

(3) 创造性。把平面的文学作品变成立体的文学作品本身就是一个创造性的过程,同时幼儿的表演游戏不同于我们在剧场看到的成人表演的儿童剧,虽然是相同的故事、相同的角色、相同的情节,但在幼儿表演的过程中,我们会看到各种各样的形象,如在童话表演《丑小鸭》中,幼儿表演出了各种鸭哥哥的形象——有的凶狠会欺负丑小鸭,有的多嘴会嘲笑丑小鸭,有的冷漠不理睬丑小鸭等,这都是幼儿创造的体现。

二、表演游戏与角色游戏有什么不同?

表演游戏与角色游戏的区别主要有以下两点。

1. 主题和内容来源不同

表演游戏的主题和内容主要来源于故事,包括文学作品和幼儿根据自己的经历和想象编的故事;角色游戏的主题和内容则主要来自于幼儿的现实生活经验,如家庭和社会生活经验。

2. 结构和规则不同

表演游戏虽然是幼儿自己"创造的"的游戏，但事先在故事里规定了游戏的基本框架（不管是来自文学作品还是幼儿自己创造的）。在表演游戏展开的过程中，幼儿会自发地将自己的言行与故事总的情节、任务联系起来，即"故事"成为游戏者认可的标准和行为的框架，幼儿必须在这个框架里游戏，不能随意作为。而在角色游戏中，幼儿可以自由选择和切换游戏主题，自由决定和改变游戏内容，之前并没有一个约定俗成的框架。

三、表演游戏包含哪些要素？

表演游戏的素材来源丰富，涵盖了神话传说、童话故事、寓言故事、绘本故事、儿歌、歌曲、乐曲等，表演形式也多种多样，但都离不开角色、情节、材料三个基本要素。

1. 游戏角色

表演游戏的游戏角色是指文学作品中的各个人物形象，即幼儿在游戏中要扮演的对象，如《小红帽和大灰狼》中的小红帽、大灰狼、外婆，又如《丑小鸭》中的丑小鸭、鸭妈妈、鸭哥哥等。一个表演游戏中会有多个角色，面对多个角色的选择，有时会出现幼儿争抢一个角色，而其他角色幼儿不愿意扮演的情况。例如，在故事表演《龟兔赛跑》中，幼儿大都想演乌龟和兔子，而很少会主动选择大树、石头等作为背景的角色。面对角色的选择和分配，教师可以采取轮流、抽签、竞争选举的方式解决，而不能以强制的方式限定幼儿的角色。

2. 游戏情节

表演游戏的情节来源于文学作品，幼儿在表演过程中可以按照文学作品的原有情节进行表演，也可以在原有情节的基础上进行仿编或创编后再表演。如故事表演《北风和太阳》，刚开始表演时，幼儿会自发纠正不按照故事原话进行表演的同伴，然而随着表演次数越来越多，幼儿对故事的理解越来越深，他们对于北风和太阳的想法越来越多，以至于在后来的表演中，扮演北风的幼儿增加了很多独白表演来说明为什么北风想用刮强风的办法脱掉人的衣服，而人的扮演者也用对话的方式回应遇到强风感觉很冷而需要增加衣服……诸如此类，幼儿创造出很多自编情节，让整个表演游戏更加丰满并充满了趣味性。

3. 游戏材料

表演游戏的材料包括服装、道具、舞台和布景，尤其是服装和道具能够象征性地把要扮演的角色形象凸显出来，如一个小皇冠和一条公主裙瞬间就能把角色定位成公主，一根拐杖、一个头饰、一件围裙等能帮助幼儿快速定位角色，有效弥补表演技能不足的情况。如故事表演《猴子捞月》，教师把幼儿分成两组，轮流进行故事表演。扮演猴子的一组幼儿在一起手拉手捞月亮的过程中，另一组作为观众的幼儿提出意见：感觉他们表演得不像猴子，因为故事中的猴子是倒挂在树上一个挽住一个的尾巴，而他们是用手拉手的方式。在讨论如何表演才能更像猴子时，幼儿提出猴子有长长的尾巴可以绕到树上，也可以拉住同伴，所以需要一条长尾巴。在教师的支持下，幼儿一起制作了长尾巴，于是"小猴子们"便能用尾巴来互相帮助捞月亮了。

四、表演游戏有哪些种类？

表演游戏主要通过幼儿的姿势、动作、表情、语言等生动地展示故事，根据不同的标准可以分成不同的种类。

（1）根据表演主体的不同，表演游戏可分为直接表演游戏和间接表演游戏。直接表演游戏是指由幼儿自身根据故事脚本进行装扮表演的游戏活动。间接表演游戏是指通过间接操控玩具、道具充当故事角色进行表演的游戏活动。根据表演形式中所使用的辅助材料的不同，间接表演游戏又可分为桌面表演游戏、木偶表演游戏和影子戏（见图3-1）。在桌面表演游戏中，幼儿使用手偶、纸偶等小玩具在桌面上替代角色，辅以对话、独白进行表演。幼儿玩的影子戏有头影、手影和皮影。在木偶表演游戏中，幼儿利用木头、瓶子、盒子、蛋壳、泥塑等材料做成的木偶替代角色进行表演。

（a）桌面表演游戏

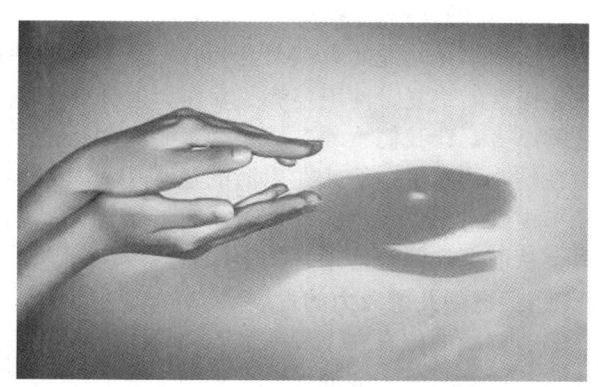

（b）手影表演游戏

（c）皮影戏

（d）木偶表演游戏

图3-1　各种间接表演游戏

（图片来源：http://www.go007.com/jinhua/wanjuyongpin/8fffd06837e44cd8.htm；http://tieba.baidu.com/p/2547208226?traceid=；http://shop.ebdoor.com/Shops/3309813/Products/35535011.aspx；http://we-media.ifeng.com/70460331/wemedia.shtml.）

（2）根据表演内容的不同，表演游戏可分为故事表演游戏和歌舞表演游戏。故事表演是指幼儿在对故事内容进行理解加工的基础上，用自己的方式进行创意表演的过程，这里的故事包括神话故事、童话故事、寓言故事、绘本故事等，如《孙悟空三打白骨精》《白雪公主和七个小矮人》《北风和太阳》《拔萝卜》。歌舞表演是指幼儿在对歌曲或者乐曲进行理解加工的基础上，根据自身的经验进行创造性表演的过程，如《小兔乖乖》《迷路的小花鸭》。

（3）根据表演素材来源的不同，表演游戏可分为作品表演游戏和创作表演游戏。作品表演游戏是以文学作品为脚本的，而创作表演游戏是指幼儿在原有文学作品的情节基础上进行创编和改编而进行的表演。

五、表演游戏有什么作用？

1. 深化幼儿对文学作品的理解

爱听故事是幼儿的天性，当幼儿一遍又一遍不厌其烦地重复着同一个故事，并开始跳脱出语言的重复，使用姿势、动作、道具等"假装"作品中的不同人或物时，配合着角色的语言，让我们"看"到故事时，这时候的"故事"已不仅是记在幼儿的脑里，而是活在幼儿的心里。幼儿在表演的过程中，其对单一角色的动作、语言、情绪的感知会逐渐扩展到对相关角色的动作、语言、情绪的感知，进而掌握整个故事的情节、逻辑关系等，从而更加系统地理解文学作品。

2. 促进幼儿想象力的发展

表演游戏的核心在于"假装"，而"假装"的核心就在于想象。幼儿把静态的、听的故事变成动态的、演的故事，实质上就是幼儿想象活动的过程。有关假装游戏的想象论认为，幼儿的假装游戏是建立在社会生活经验基础上的一种想象，幼儿想象他们正在体验着他人的信念和愿望，并在此基础上进行再创造。而表演就是幼儿对故事进行大胆的情境想象、角色想象、情节想象的外化过程。如故事表演《狼和七只小羊》中，在躲藏的环节，有的幼儿用纱巾蒙住自己，有的幼儿蹲在柜子旁边，有的幼儿假装成一根柱子等，这个表演的过程极大地激发了幼儿在躲藏伪装方面的想象力的发展。

3. 促进幼儿语言能力发展

幼儿语言能力的发展包含语言理解和语言表达两方面能力的发展，表演游戏是幼儿将其对文学作品的理解外化成其语言、行为、道具等综合表现形式的过程。在此过程中，幼儿首先感知到的是各种文学作品中所使用的或优美抒情、或幽默风趣、或简洁明了的语言刺激，然后在内化想象和表演中，不断积累词汇、理解词汇。一个成功的表演游戏离不开角色间的配合，这就强调幼儿倾听他人表达并做出恰当回应的能力。综观整个表演游戏的语言发展过程，其与《3—6岁儿童学习与发展指南》（以下简称《指南》）中关于语言领域的发展建议"幼儿的语言能力是在交流和运用的过程中发展起来的"是切合的。

4. 促进幼儿记忆力的保持和发展

心理学有关研究表明，儿童的早期记忆效果和记忆事件的独特性、新异性，以及儿

童是否积极参与事件有着非常密切的联系。表演游戏以故事事件为载体,幼儿参与表演时,首先是模仿角色的语言和动作,其次调动已有的相关经验结合角色特征进行表达,再次通过自己的经历丰富表演中的角色,整个过程都不断强化了幼儿对已有经验的再认和回忆的过程,即促进了记忆力的保持和发展。

5. 促进幼儿个性和社会性的综合进步

表演游戏强调幼儿的自主和想象,尊重多种形式的表达。幼儿在表演游戏中能够用自己独特的方式去表达,即用一种得当合理的方式发泄和表达各种情绪,如在《奥特曼》的游戏中扮演"怪兽"破坏城市(把东西到处丢),一定程度上对于疏解幼儿的消极情绪和实现积极的自我认知有积极的促进作用。

作为一种群体游戏形式,表演游戏需要不同的角色之间相互配合,在角色分工、角色表现、道具选择等方面都提供了非常多的同伴交往和协商的机会,能够极大地促进幼儿个性和社会性的发展。

6. 促进幼儿的审美能力发展

《指南》认为,幼儿艺术领域学习的关键在于充分创造条件和机会,在大自然和社会文化生活中萌发幼儿对美的感受和体验,丰富其想象力和创造力,引导幼儿学会用心灵去感受和发现美,用自己的方式去表现和创造美。文学作品是以童话或故事的形式表达对真、善、美的追求,幼儿在和同伴、教师一起创设表演背景和材料的过程中,感受色彩美和造型美;在参与各种角色表演的过程中,感受说话算数、敢做敢当的责任担当,关心他人、帮助他人的助人品质所带来的爱和尊重,从而不断强化积极的审美情趣和道德情感,发展审美能力。

表演游戏作为幼儿期的一种重要的游戏形式,以其能激发幼儿的想象力、创造力而深受幼儿的喜爱,与此同时,教师要能根据不同年龄班幼儿表演游戏的发展水平和特点,从表演游戏的准备、观察与指导等方面开展工作。

任务一 表演游戏的准备

一、选择适宜的表演内容

并非一切幼儿文学作品都适合幼儿表演,适于进行表演游戏的作品,应具有下列特征。

(1)思想内容健康活泼,角色性格鲜明,符合幼儿的生活经验。例如《小熊请客》中,幼儿最喜欢过生日时的场景(如举行快乐的聚会,收礼物等),而遇到不想做工、想白吃东西的狐狸,幼儿非常喜欢用丢石头、泼水、恐吓等各种方法赶走狐狸,而这些

方法都是源自幼儿自身的经验。

（2）具有表演性，即有一定的场面和适当的表演动作。适合小班幼儿表演的作品最好只有一个场面，如《拔萝卜》的角色各异，但都是在相同的场面下展开情节。用于中、大班幼儿表演的作品场面不宜过多，要有集中的场景，还要易于布置，道具要简单，可以利用现成的桌椅、大型积木、胶粒拼图等。

（3）情节曲折，紧凑。用于表演游戏的作品，其情节主线要简单明确，不要过于复杂，以便幼儿理解和记忆，但故事情节要有起伏，情节发展的节奏要快，变化要明显，重点突出，枝蔓不多，脉络清晰，这样才能吸引幼儿并易于其表演。如在《小兔乖乖》中，兔妈妈去拔萝卜，大灰狼来骗小兔子，兔妈妈回来了，把大灰狼打跑了。这个作品有起伏的情节，变化明显，对幼儿具有很大的吸引力。那些情节发展缓慢、言语陈述过多的作品则不适于幼儿表演。

（4）对话较多。对话要简明并能与动作相配合，以便幼儿在表演中边说边做动作，以增加表演的情趣。如在《小兔乖乖》中，兔妈妈对小兔的交代，大灰狼和小兔的对话，都生动有趣，容易用动作表现出来。

二、帮助幼儿理解作品

表演游戏是要建立在幼儿对文学作品理解的基础上。有条件的情况下，教师可以播放故事视频，如条件不允许，教师则可绘声绘色地讲述作品，如用不同的声音、语调表达不同角色的语言，并辅以动作、手势等，使作品中的形象能够直观、形象地呈现在幼儿面前。对于篇幅较长、情节复杂、词汇多的作品，教师可以分多个课时完成该作品的表演活动，对其中幼儿难以理解的情节进行分解，一方面帮助幼儿更好地理解词汇和故事情节，另一方面帮助幼儿通过分段理解和表演的方式更好地完成完整的故事表演活动。

探究

大班表演游戏《我的幸运的一天》（第二课时）

活动背景：第一课时结束后，幼儿围着教师问："为什么狐狸给小猪做按摩能让小猪的肉变软？为什么狐狸给小猪按摩完了，小猪跑了，狐狸晕过去了？"从幼儿提出的问题可以发现，一是幼儿对于"按摩"的经验不足，理解方面存在困难，二是幼儿对于故事的结尾狐狸累晕过去的情节也不是很理解，因此设计了第二课时的活动。

活动目标：
（1）帮助幼儿理解"按摩"的含义，并能够用各种动作表演"按摩"。
（2）通过享受"按摩"，能感受到"按摩"后的放松，理解故事中"肉变软了"所表达的含义。
（3）感受"按摩"的过程需要付出劳力，劳累时会没力气、手软，从而能够理解"狐狸累晕"的故事情节。

探 究

活动过程：

教师和幼儿一起回忆了故事内容后，提出："狐狸为什么要帮助小猪做按摩？按摩有什么作用？"

幼儿说："小猪的肉很硬，按摩可以把小猪的肉变软。"

教师："按摩可以把小猪的肉变软，狐狸想吃肉软一点、嫩一点的小猪，就给小猪做按摩，怎么做按摩？"

幼儿1："敲敲肩膀，捶捶背，捏捏腿。"

幼儿2："还有甩，用手抓住手，甩它的胳膊。"

幼儿3："头也要敲一敲。"

幼儿4："头不是敲，就是挠挠，用点力地挠挠。"

教师："那好，我们来找个同伴，帮你的同伴做做按摩，看看按摩是不是真的能把我们的肉变软。"

教师放音乐，幼儿两两结伴互相按摩。

按摩结束，教师问："刚刚我们的伙伴们帮我们做了按摩，有没有感觉肉变软了？"

幼儿5："阳阳敲得我很疼，我觉得腿受伤了。"

幼儿6："乐乐帮我捶捶肩膀和后背，我觉得很舒服，想要睡觉了，好像我的肉变软了。"

幼儿7："欣欣开始的时候帮我捶捶后背，可是我都没有感觉，我告诉她以后才有感觉。"

教师："你告诉欣欣她的力气太小了，帮你捶背要稍微大力一点才有感觉对吗？"

幼儿7："是的，欣欣后来大力一些，我就有感觉了。"

教师："你的感觉是什么，舒服了，放松了，感觉肉都变软了吗？"

幼儿7："是的，很舒服，想要睡觉了。"

教师："看来，我们帮别人按摩时，用力大了会让别人感觉到疼，会伤害到别人，用力小了又让别人感觉不到，再来试试，怎么做按摩才能让别人感觉舒服？"

教师放音乐，于是幼儿再次两两结伴互相按摩。

按摩结束，教师问："这一次按摩之后有没有感觉舒服了，放松了，好像肉都变软了？"

幼儿："感觉很舒服。"

教师："那你帮别人按摩完了后，是感觉舒服还是有点累？"

幼儿："我的手会有点累。"

幼儿："我的胳膊有点累。"

幼儿："我帮云云按完了，云云说她很舒服，我觉得很开心，就不觉得累了。"

教师："帮助别人会让我们心里觉得不累了，来，我们再来一次互相做按摩。"

教师放音乐，幼儿第三次两两结伴互相按摩。

探究

按摩结束，教师问："刚刚我们帮助了别人所以很开心，我们也接受了别人的按摩所以很舒服，来，抬抬手，握拳头用力敲敲试试，有没有觉得手臂有点软，快没力气了？"

幼儿："我的手没有力气了。"

幼儿："我的胳膊软软的没有力气了。"

教师："我们刚刚只帮助同伴做了按摩，故事中的狐狸还帮小猪烧水、洗澡，做通心粉、烤小甜饼，帮小猪做按摩，你们觉得狐狸累不累，它的手臂还有没有力气？"

幼儿："一定非常累，累得抬不起手。"

幼儿："这样跑来跑去，累得全身都没有力气了。"

幼儿："累得躺在地上没有力气起来，小猪就拿着小甜饼跑回家了。"

分析：教师通过让幼儿用动作表现按摩的环节，一方面帮助幼儿理解"按摩"的含义，丰富按摩的动作，为后面的表演做准备，另一方面让幼儿感受付出了体力劳动后，身体疲劳会以全身没有力气、累得瘫软的方式表现，从而理解故事结尾为什么狐狸累昏过去，连抬抬手指头的力气都没了。

三、创设游戏环境

游戏环境是顺利开展表演游戏必不可少的条件。根据幼儿的年龄和兴趣爱好，创设有意境的、丰富的游戏环境，能使幼儿萌发参与表演游戏的愿望，帮助幼儿立即进入游戏状态。表演游戏的环境大致涉及三类，一是游戏场地、情景的创设，二是游戏服装道具的设计和准备，三是游戏中替代物的准备。

游戏环境的创设是游戏活动的一部分，教师可以动员幼儿一起准备道具、头饰、服装等游戏材料，鼓励幼儿动脑筋、想办法。例如，小班表演游戏《小蝌蚪找妈妈》中，教师请幼儿观察挂图中荷塘的环境，幼儿主动发现荷塘里有荷叶、荷花，有水的波纹，还有水草……于是，教师画了背景的线条轮廓后，请幼儿一起涂颜色，共同创设表演背景。又如大班表演游戏《三只小猪》中，幼儿知道表演中需要用到草房子、木房子、砖房子的道具，于是主动讨论使用纸皮箱和树叶制作草房子，通过把棕色颜料涂在纸皮箱上的办法做木房子，通过用彩笔在纸皮箱上画砖块的办法做砖房子，最后把讨论结果交给教师，请教师帮忙准备材料和工具。

四、支持幼儿的游戏

幼儿参与表演游戏往往以兴趣为主，教师在组织表演游戏时首先应利用表演游戏的扮演特征，吸引幼儿的参与兴趣，使幼儿自主、自愿、快乐地表演。教师应对各年龄段幼儿开展的表演游戏予以支持，如小班幼儿不会做表演游戏，教师可提供更多直观的、可供幼儿观察模仿的形象动作，引导幼儿模仿表演。当幼儿学会做简单的表演游戏后，可以提供机会让幼儿根据自己的生活经验表演相关的角色。对于中、大班幼儿,他们已经能较熟练地进行表演游戏,这时教师只需在表演游戏的常规方面予以提醒和规范,更多地关注幼儿表演的内容和材料,以及在幼儿表演遇过困难时积极予以支持。

任务二 表演游戏的观察与指导

一、幼儿行为观察

杨梅佐根据幼儿在表演游戏中的行为表现,把大班幼儿在表演游戏中的行为分为三类:非表演游戏行为、表演游戏相关行为、表演游戏行为。根据行为的方式,表演游戏相关行为和表演游戏行为都可分为语言行为、动作行为、语言加动作行为,即表演游戏相关行为可分为表演游戏相关语言行为、表演游戏相关动作行为、表演游戏相关语言加动作行为,表演游戏行为可分为语言表演行为、动作表演行为、语言加动作表演行为。在表演游戏中,行为指向是有一定内容的,通过对表演游戏的观察分析,杨梅佐认为幼儿在表演游戏中的行为内容主要有角色、场景、规则和情节四种类型。表演游戏中幼儿行为的类型与编码如表 3-1 所示。

表 3-1 表演游戏中幼儿行为的类型与编码

行为类型	0. 非表演游戏行为	
	1. 表演游戏相关行为	
	2. 表演游戏行为	
行为方式	表演游戏相关行为的行为方式	1. 表演游戏相关语言行为
		2. 表演游戏相关动作行为
		3. 表演游戏相关语言加动作行为
	表演游戏行为的行为方式	4. 语言表演行为
		5. 动作表演行为
		6. 语言加动作表演行为
行为指向的内容	1. 角色	
	2. 场景	
	3. 规则	
	4. 情节	

注:编码顺序为行为类型—行为方式—行为指向的内容。

具体操作定义如下:

(1) 非表演游戏行为:指幼儿以真实身份独自进行活动,这时幼儿没有进入游戏状态，做与游戏不相干的行为。主要有以下行为表现：无所事事、目光游离、眼神注视观察者、闲逛、沉默等。

（2）表演游戏相关行为：指幼儿以真实身份进行的交往活动，区别于角色的交往活动。主要表现在语言、动作、表情三个方面，并且主要是针对以下几个方面：角色、情节、材料、场景、秩序。

（3）表演游戏行为：指幼儿以角色身份进行的游戏行为。

（4）表演游戏相关语言行为：指幼儿通过语言方式，以真实身份进行的游戏行为。

（5）表演游戏相关动作行为：指幼儿通过动作方式，以真实身份进行的游戏行为。

（6）表演游戏相关语言加动作行为：指幼儿通过语言和动作相结合的方式，以真实身份进行的游戏行为。

（7）语言表演行为：指幼儿用语言方式，以角色身份进行的游戏行为。

（8）动作表演行为：指幼儿用动作方式，以角色身份进行的游戏行为。

（9）语言加动作表演行为：指幼儿用语言、动作混合的方式，以角色身份进行的游戏行为。

（10）角色：指幼儿的行为指向的内容是关于角色的选择/分配、角色的装扮、角色的形象描述等。

角色选择/分配：幼儿根据角色的分配而进行的讨论属于角色/分配行为。

角色装扮：幼儿戴头饰、使用道具的行为属于角色装扮行为。

（11）场景：指幼儿的行为指向是场景的布置。

（12）规则：指在表演游戏中，幼儿对同伴的行为进行约束、提议或纠错行为。如幼儿在游戏中会出现这样的行为："大家不要吵，安静！听我说……"

（13）情节：指幼儿的行为指向是关于游戏的内容。

探究

表3-2　小班表演区幼儿行为观察记录

幼儿表演游戏详录	幼儿表现的行为类型
琪琪、双双、亮亮、丰丰、军军5个幼儿进入表演区，表演故事《好饿的毛毛虫》。	
琪琪第一个进入，主动拿起毛毛虫的头饰戴在自己头上。双双进区后，发现毛毛虫的头饰已经戴在琪琪头上，就和琪琪说："你能让我演一次毛毛虫吗？我演完了就给你演。"琪琪不吭声，双双又说："我今天带了贴纸，一会我给你贴纸，好吗，你让我先演一次毛毛虫。"琪琪把毛毛虫的头饰拿下来给了双双，自己带上了苹果的头饰。	1-1-1，1-2-1，琪琪和双双用主动争取头饰的方式在主动选择角色
之后进来的亮亮、丰丰、军军，双双直接把手里的梨、李子、草莓、橘子的头饰给了他们。亮亮说："我想要草莓。"双双看了看，把给亮亮的李子换成草莓，把李子和梨给了丰丰，丰丰说："唉，你怎	1-1-1，1-2-1，1-3-1，亮亮、丰丰

探 究

幼儿表演游戏详录	幼儿表现的行为类型
么给我两个啊？"丰丰主动把李子还给双双，军军从双双的手里拿走了橘子，双双说："那这还有一个李子呢，谁要啊？"没人回应，双双看着琪琪说，"那我给你吧，你是苹果也是李子。"琪琪接过李子也戴在头上。	和军军使用语言和/或动作的方式进行角色选择。
双双说："那我们准备开始表演啦。"双双把手握在一起，扭着身体向前边走向琪琪，边说："我是一条毛毛虫，我的肚子好饿啊，我要吃东西。"琪琪双手叉腰，说："我是一个大大的红苹果，你来吃我吧。"双双伸出两只手抱住琪琪"啊"一口"吃掉"了"苹果"，边摸着肚子边说："我还是好饿啊。"这时双双走到丰丰面前，丰丰蹲在地上，说："我是香脆的梨子，快来吃我吧，吃了我你就不饿了。"双双伸出双手刚准备抱住丰丰"吃掉"他的时候，丰丰往前爬走了，说："我在这里，你来吃我啊。"双双直起身，指着丰丰说："你这样不对，梨不会走的！"军军也在旁边说："你是梨，你不能走，你得让毛毛虫吃掉你。"丰丰说："好吧，我在这里，你来吃掉我吧。"双双抱住丰丰"啊"一口"吃掉"了"梨子"。	2-6-1，双双、琪琪和丰丰均使用动作模仿、语言表达的方式表演自己所扮演角色的形象和特征。 1-1-3，对于丰丰违反表演情节的行为，双双从规则的角度纠正丰丰的行为。 1-1-4，军军从情节的角度提醒丰丰梨子要被虫子吃掉。
双双继续扭着身体边走向"李子"的所在地，边说："我的肚子还是好饿啊，我还想吃东西。"可是琪琪仍然待在"被吃掉区"没有过来，双双就喊道："琪琪，你是李子，你要过来这里给我吃啊。"琪琪边看着双双边走到"李子"所在地，在被双双"吃掉"后又回到"被吃掉区"。	1-1-3，双双发现兼演李子的琪琪在表演的时候不在，从规则的角度提醒琪琪。
琪琪回来后，丰丰主动和琪琪说："我是梨子，是一个大雪梨，你看我多大啊。"边说边伸出双臂比画着自己很大。琪琪说："我的苹果也很大，和你一样大！"边说边学着丰丰一样伸展着手臂。丰丰又说："我这个梨会飞，你的苹果不会。"边说边往旁边跳了一下。琪琪说："你那不是飞是跳，我也会跳。"说完也跳了一下。丰丰又说："我还会打滚呢，你看。"说完便在地上滚了起来，琪琪看了看双双，看了看旁边的教师，走到教师面前说："老师，丰丰在地上打滚。"	0，丰丰和琪琪在被吃掉的食物区里由开始的角色语言行为逐渐偏离角色到自身的语言行为，出现了与游戏无关的行为，即非表演游戏行为。

分析与反思：

5个幼儿在角色选择上都表现得很主动，或使用语言或选择头饰，参与表演游戏的积极性也很高。

在表演过程中，幼儿都能够使用语言和动作相结合的方式很好地表演自己所扮演的角色，甚至创造性地使用了故事里没有的语言。但双双表演的毛毛虫在吃水果的行为上，用抱的方式"啊"一口吃下去，不符合毛毛虫吃东西的形态，是需要教师进行指导的地方。

对于违反表演游戏规则和情节的行为，幼儿也能使用语言的方式提醒同伴或告诉教师，比较符合小班年龄段幼儿的水平。

在表演过程中，幼儿的表演行为都是指向各自所扮演的角色和部分的规则，比较少场景、情节上的表达，也比较符合小班年龄段幼儿的水平。

二、教师的指导行为

杨梅佐把关于表演游戏中的教师指导行为分为三个方面。一是在教师指导幼儿表演游戏的方式上，包括语言指导方式、动作指导方式、语言加动作指导方式三种；二是教师指导幼儿表演游戏时所指向的内容（简称指导内容），包括角色、场景、规则和情节四种；三是教师指导幼儿表演游戏时的身份，包括引导者身份、协助者身份和指挥者身份。表演游戏中教师指导行为的类型与编码如表3-3所示。

表3-3 表演游戏中教师指导行为的类型与编码

指导方式	1. 语言指导方式
	2. 动作指导方式
	3. 语言加动作指导方式
指导内容	1. 角色
	2. 场景
	3. 规则
	4. 情节
指导身份	1. 引导者
	2. 协助者
	3. 指挥者

注：编码顺序为指导方式—指导内容—指导身份。

具体操作定义如下：

（1）语言指导方式：指教师介入幼儿游戏时，只通过语言的方式对幼儿的游戏进行指导的行为方式。例如教师说："你们今天玩羊村的游戏，还是玩狼堡的游戏？"

（2）动作指导方式：指教师介入幼儿游戏时，只通过动作的方式对幼儿的行为进行指导的行为方式。例如，教师帮助幼儿戴头饰，没有语音交流；教师帮幼儿布置场景。

（3）语言加动作指导方式：指教师介入幼儿游戏时，通过语言与动作相结合的方式对幼儿的游戏行为进行指导的行为方式。如教师边帮幼儿装扮角色，边用语言指导其他幼儿的场景布置。

（4）教师作为引导者：指教师介入幼儿表演游戏时，幼儿为主体，教师为主导，教师在幼儿游戏出现问题时及时向幼儿提出疑问和建议，引导游戏情节发展，此时教师以引导者的身份介入游戏。如教师暂停游戏，向幼儿提出游戏中出现的问题时，教师为引导者。

（5）教师作为协助者：指教师介入幼儿表演游戏时，幼儿为主体，教师为辅助者，教师在幼儿需要时向幼儿提供帮助，此时教师以协助者的身份介入游戏。如教师帮助幼儿把狼堡的空间拉大一点，方便幼儿游戏。

（6）教师作为指挥者：指教师介入幼儿表演游戏时，教师作为主导，对幼儿的行为进行导演。如教师说："沸羊羊，你应该说谢谢！"

教师对幼儿表演游戏的指导要建立在观察和分析幼儿游戏行为的基础上，这样才能帮助幼儿提高游戏水平和表演能力，使幼儿持续保持对表演游戏的兴趣。

探 究

表3-4 大班表演区教师指导行为观察记录

师幼共同参与的表演游戏详录	教师指导行为类型
琪琪等6个幼儿进入表演区，教师问："你们今天想表演什么？白雪公主还是老鼠嫁女？"琪琪说："表演白雪公主。"彤彤也举手同意演白雪公主，吴吴抢着说要表演老鼠嫁女，佳佳同意演老鼠嫁女，还有欣欣和希希没有表态。教师于是问欣欣和希希："你们想表演哪一个呢？"琪琪抢着说："她们是女孩子，她们肯定想表演白雪公主，对吧欣欣？对吧希希？"教师又问欣欣和希希："你们是这样想的吗？"欣欣对教师说："我想演白雪公主，可是如果我不能演白雪公主，我就不想演了。"教师又问："你呢，希希？"希希说："我觉得都可以演。"教师说："我们6个小朋友中有2个明确想演白雪公主，2个想演老鼠嫁女，希希随意，欣欣同意演白雪公主但前提是要演白雪公主的角色，遇到这个问题，我们该怎么解决呢？"佳佳说："石头剪刀布，谁赢了听谁的。"琪琪却主动说："我想演老鼠嫁女了。"彤彤看琪琪改变了主意，也跟着说："我要和琪琪一起演。"教师说："4个人同意演老鼠嫁女，我们这次就演老鼠嫁女。那么，你们想演其中的新郎新娘结婚还是吃喜宴？"幼儿都说演结婚。	1-1-1，教师通过提问的方式了解幼儿想要表演的剧目和角色选择。
"演新郎新娘结婚的话，你们谁当新娘？谁当新郎？谁当证婚人、客人？"教师边问边把表演道具一一拿出来。彤彤说："琪琪演新娘，我演新郎，我和琪琪结婚。"佳佳说："新郎是男孩子，你是女孩子，你不能演新郎，新郎要男孩子演才行。"教师说："我觉得佳佳说得非常有道理，新郎是男孩子，所以我们就请一个男孩子来演新郎，男孩子你们谁想演新郎？""我来演新郎，因为我比较帅"，吴吴说完就做了几个帅的动作。"你觉得这是帅的样子，那我也很帅啊"，教师说完便做了半蹲求婚的动作和亲吻琪琪右手的动作。"我也可以这样"，吴吴说完便模仿教师的动作做了一次。	1-1-1，教师通过提问的方式进行角色分配指导，让幼儿明确角色的分工。 2-1-2，教师帮助幼儿把表演道具一一拿出。 1-1-3，教师以语言的方式直接确定新郎由一个男孩子演。 2-1-2，教师以动作的方式示范新郎的表演动作，协助幼儿表演新郎。
教师说："我们的新郎和新娘确定了，证婚人呢，客人呢，谁演啊？"欣欣说："我觉得让老师演证婚人，我们4个演客人，给新郎新娘唱歌跳舞。"彤彤说："我要给琪琪唱歌跳舞，我要当客人。"佳佳说："我小舅结婚时，我做花童，那我可以演花童吗？"教师说："你这个想法非常好啊，你小舅结婚时花童有几个人？"佳佳说："2个，	1-4-1，教师以语言

探究

续上表

师幼共同参与的表演游戏详录	教师指导行为类型
除了我还有一个女孩子,我们拿着花篮走在小舅和小舅母前面,所以现在还要有个女孩子一起演花童,还要有花篮。"教师说:"好,两个花童,一个男孩一个女孩,花童手里拿着花篮走在新郎和新娘的前面。那新郎和新娘去装扮,佳佳找个女孩子和你一起演花童,我去帮你们找花篮。"教师到美工区拿了两个手工花篮回到表演区,问:"佳佳,你和谁一起演花童?""我和希希一起演花童。"教师说:"来,把花篮给你们,一会你们拿着花篮,走在新郎新娘的前面出场。彤彤和欣欣演客人,给新郎新娘唱歌跳舞,对吗?" "表演马上开始,客人坐回自己的位置上,花童和新人站到脚印后,听到音乐响就出场",说完教师便放《婚礼进行曲》,花童和新郎新娘入场,走到客人面前时,新郎、新娘、花童站成了一排,客人站起来和新人打招呼:"你们好啊。"教师说:"游戏暂停一下,我发现个问题,花童和新郎新娘入场之后,他们应该走到哪里停下?"欣欣抢着说:"他们应该停在我们的前面,因为一会我们要给她们表演节目。"彤彤说:"我们是客人,我们要能看到新郎和新娘,我们现在只看到他们的侧面。"教师说:"欣欣和彤彤说得很对,新郎新娘结婚是接受客人的祝福,他们要让所有客人都能看到她们的正面,你们看我走到这里,你们能看到我的正面吗?走到这里呢?好,我现在的这个位置能让你们看到我的正面,我也能正对客人,我把这个位置画一下,一会新郎新娘出来走到这个位置时要停下来转身面对客人。" 第二次表演结束,琪琪说:"我看到我小姨结婚时,有人会放很多彩色的、亮晶晶的东西到她的头上,可是我的头上都没有。"彤彤说:"是的,会有人往新郎和新娘头上撒花,老师我们有花瓣吗?"教师到美工区拿了彩色的纸片出来,"我们现在没有花瓣,用这个好吗?"琪琪说:"好吧,那老师你来帮我们撒。"	的方式进行故事情节(增加花童的角色)的指导。 1-4-3,教师以语言的方式确定花童的分配(一男一女)和表演内容(拿花篮走在新郎新娘前面)。 3-4-3,教师使用语言和动作相结合的方式,在递给花童花篮的同时指导表演情节。 3-3-1,教师边提问边进行走位,让幼儿能理解正对客人的位置的含义,同时也告诉幼儿在舞台上表演时要正对观众的表演规则。 3-2-2,教师在征求幼儿的意见后,使用彩色纸片代替花瓣,协助完善新郎新娘出场的道具需要。

任务三 不同年龄班表演游戏指导的区别

美国学者帕登将幼儿(2~6岁)的游戏行为按幼儿在游戏中社会行为的不同表现以及参与游戏的幼儿之间的相互关系,把游戏分成6种水平:①无所用心的行为或偶然的行为;②袖手旁观的行为;③独自游戏;④平行游戏;⑤联合游戏;⑥合作游戏。

一、小班幼儿表演游戏的特点及指导

小班幼儿处于独自游戏、平行游戏阶段,喜欢玩和别人一样的玩具或材料,喜欢模

仿有趣的单一重复动作，角色意识差，幼儿之间的交往互动较少。小班幼儿表演游戏开展的指导要点如表3-5所示。

表3-5 小班幼儿表演游戏开展的指导要点

表演游戏开展	指导要点
第一次开展	（1）以直观、生动的方式引入故事，激发幼儿的表演兴趣。 （2）在兴趣的基础上，出示头饰，带领幼儿在教师的故事讲述过程中配合内容进行简单的表现。 重点在于引导幼儿反复熟悉故事，能够大概了解故事内容和主要故事角色的出场顺序。
第二次开展	（1）让幼儿继续熟悉故事内容，能根据故事中角色出现的先后出场。 （2）让幼儿看动画片，发现故事角色的声音特征，并尝试使用不同的音调、音色去模仿。 （3）让幼儿看动画片，发现故事角色的形态特征，并能够用自己的动作模仿表达。例如，小蝌蚪有圆圆的头和一条尾巴，教师可引导幼儿在表演小蝌蚪时把双手在背后靠拢，头稍伸向前，摇摆着前进。 重点在于引导幼儿发现故事角色的声音特征和形态特征，并能够用声音和动作去模仿表演，符合角色特征。
第三次开展	（1）让幼儿能够根据故事的发展，按照角色的出场顺序出场表演。 （2）让幼儿知道等待上场的位置和规则。 （3）让幼儿出场时能按照出场的路线出场表演。 重点在于让幼儿知道表演的常规。

二、中班幼儿表演游戏的特点及指导

中班幼儿联合游戏行为增加，游戏的规则意识增强，可自行分配角色，但角色的更换意识不强，会因为角色更换的问题而出现冲突，导致游戏中断的情况发生。中班幼儿游戏的计划性和目的性增强，但仍然容易受到材料的影响转而对表演道具的制作感兴趣。中班幼儿的表演能力提高，除了语言和动作之外，还会用语气和表情来加强表演效果，但角色之间的配合仍需教师的参与和协调。中班幼儿表演游戏开展的指导要点如表3-6所示。

表 3-6 中班幼儿表演游戏开展的指导要点

表演游戏开展	指导要点
第一次开展	（1）指导幼儿完整地感知和理解故事情节，明确故事中的主要角色和角色出现的先后顺序。 （2）指导幼儿熟悉角色的语言。 （3）指导幼儿重点观察并尝试模仿故事中主要角色的声音、表情、动作等形态特征。 重点在于引导幼儿完整地理解故事，并能够用符合角色特征的声音、语气、动作、表情等表演故事角色。
第二次开展	（1）指导幼儿完整表演整个故事。 （2）指导幼儿互相欣赏同伴的表演，并能对同伴的表演从声音、动作、语气、表情等方面进行简单评价。 （3）指导幼儿能够根据表演需要，提出表演需要的道具及辅助材料的要求。 重点在于引导幼儿感知不同的表演方式，增强对角色的理解及对表演经验的积累。
第三次开展	（1）为幼儿提供表演道具，创设表演游戏的场景。 （2）指导幼儿能够互相借鉴同一个角色的好的表演方法，使用更加生动的表演方式进行表演。 重点在于引导幼儿能够使用更加生动的、符合角色特征的方式进行表演。

三、大班幼儿表演游戏的特点及指导

大班幼儿进入合作游戏阶段，能够有目的、有意识地讨论协商角色的分配、人物出场的时间和顺序、路线；表演能力进一步提高，能够根据自己对角色的理解，结合表情神态、语气语调、配合道具来表演；游戏的自主性增强，不需要教师过多地干预，能够自主协商完成道具等材料的准备、角色分配和表现方式的确定，较完整地完成一个表演。大班幼儿表演游戏开展的指导要点如表 3-7 所示。

表 3-7 大班表演游戏开展的指导要点

表演游戏开展	指导要点
第一次开展	（1）指导幼儿完整理解故事情节和角色特征。 （2）指导幼儿能够自主分组（表演组和观众组），组内自主选择表演角色，进行表演。 （3）让幼儿知道表演常规、表演场地的使用，如候场、出场路线、表演位置，表演时需要正面表演、侧面对话，适当地提高音量让所有的观众都能听清楚。 （4）指导幼儿根据表演需要，提出对表演道具的要求。 重点在于引导幼儿理解并遵守表演常规，具备基本的表演素养，自觉主动开展表演游戏。

续上表

表演游戏开展	指导要点
第二次开展	（1）增加表演道具，让幼儿能够完整、连贯地表演。 （2）联系幼儿的生活经验以挖掘表演细节，如故事《小熊拔牙》中小熊牙疼，教师可引导幼儿结合生活经验，回想牙疼的感受，如牙疼时会有什么表情和动作，会发出什么声音；牙疼时妈妈会怎么安慰小朋友；小朋友去医院看医生时，医生会说什么，会怎么做检查等。 （3）指导幼儿能够较好地利用已有的表演道具，对于不能提供的道具能够讨论出替代的方法。 重点在于指导幼儿表演的完整感受，包括场景、道具、角色等方面，使表演的角色能够更加贴近生活经验。
第三次开展	（1）指导幼儿较好地利用舞台场景和道具，配合组内同伴较生动地进行完整、连贯的表演。 （2）指导幼儿表演结束后能够倾听观众的评价，根据观众的评价和建议，调整自己的表演方式。 （3）指导幼儿做观众时能保持安静，认真观看，表演结束有掌声。观众评价时，能说出表演的优点和不足。 重点在于引导幼儿更生动地进行表演，并能通过组间的表演交流，发现自己所在组表演的优缺点，从而能够更好地积累表演经验，提高表演的自觉性和主动性。

小班表演故事 《小蝌蚪找妈妈》

一、游戏目的

（1）能够理解故事情节，知道故事中出现的小动物的特点并愿意用动作的方式扮演角色。
（2）能够在教师的引导下较完整地按游戏中的情节和人物对话及动作进行表演游戏。

二、游戏准备

（1）故事中出现的小动物头饰等若干，河里的荷花、水草道具若干。
（2）知识经验准备：听故事、看动画片，让幼儿理解故事内容，知道并能够通过语言和动作模仿各种动物的特征。

三、游戏过程

1. 第一次指导

（1）幼儿看动画片，听故事，一起复述故事情节和内容。

（2）教师出示头饰等道具，根据游戏场景分角色讲故事，激发幼儿对游戏的兴趣。

（3）教师讲故事，每当讲到角色出现的场景，出示头饰，请幼儿集体扮演该角色（语言、动作）。

（4）教师讲背景故事，幼儿分角色扮演。

重点：幼儿能够把握不同角色的动作特征和语言。

小结：幼儿对故事内容已经有了初步理解，在教师讲述故事情节的基础上，幼儿能够简单地表演故事中的人物对话和动作。

2. 第二次指导

（1）教师与幼儿一起复习故事，明确故事中角色的出场顺序。

（2）教师提出表演要求：用不同音色、语调、动作表现角色特征。

（3）幼儿按照意愿选择头饰，教师帮助幼儿明确自己所扮演的角色。

重点：幼儿能用不同语调、音色、动作表现角色特征。

小结：在表演的过程中，幼儿都能掌握故事的内容，多数幼儿已经能表演出角色的动作和语调。

3. 第三次指导

（1）教师提出表演新要求：按顺序先后出场。

（2）幼儿按意愿选择材料，扮演角色，教师引导幼儿分配角色。

（3）教师参与游戏，着重引导幼儿在场地中的出场路线。

重点：幼儿能按出场路线出场表演，并能表演出角色的基本特征。

小结：大多数幼儿都能大胆地模仿故事中的角色对话，表演的欲望较前几次的活动有所增强，并有了明确的出场顺序和路线。

4. 第四次指导

（1）教师示范游戏的基本规则。

（2）增加场景道具，明确幼儿的出场点和出场路线。

（3）教师参与游戏，重点指导幼儿较完整地进行表演。

重点：教师指导幼儿完整表演。

小结：幼儿在教师引导下能较完整地按照情节和角色对话及动作进行表演，个别能力强的幼儿还会用辅助材料来装扮自己，增加了游戏的趣味性。

大班表演故事 《小熊拔牙》

一、游戏目的

（1）能自信大胆地用语言、动作和表情表演角色，喜欢表演游戏。

(2) 在游戏中能与同伴协商、分工合作使用合适的材料布置场景和装扮角色。
(3) 会自主选组，并尝试共同解决游戏中的问题，参与问题的探讨。
(4) 自觉遵守游戏规则，爱护游戏材料，有序取放。

二、游戏过程

1. 第一次指导

(1) 听故事，激发幼儿对故事的表演兴趣。

听故事，复述故事情节，引导幼儿回忆故事中的角色对话，启发幼儿用不同的语气、语调、动作、神态来表现各种动物的不同形象。

(2) 自由分组，协商讨论布景和道具的准备，以及角色的分工，轮流表演。

① 6人一组，自由分组，选择表演场地。

② 幼儿商讨制作布景和道具所需的材料，在美工区内完成。

③ 小组内商定角色，用动作和语言进行故事表演。

④ 幼儿分场地进行表演游戏，教师在旁观察或参与游戏，重点指导每组游戏中角色的对话、动作和出场。

⑤ 小组轮流表演和反馈。

(3) 活动结束。

小结：大部分幼儿都能掌握角色对话部分，并能用动作表示小熊牙疼前后的变化。

2. 第二次指导

(1) 教师出示故事图片，引导幼儿进一步熟练掌握故事情节、小动物的先后出场顺序以及各种动物的神态特征。

(2) 教师出示幼儿自制的布景和道具，并请制作的幼儿结合道具的使用进行片段表演。

(3) 幼儿自由分组，组内进行角色分配，组间确定表演顺序。（遇到分组、角色选择、道具使用、表演顺序等问题时，尽量自己协商解决）

(4) 幼儿进行完整表演。未参与表演的幼儿，需要提出完善表演的建议，如布景方面可以增加什么东西来增强表演效果，表演方面可以用某动作更好地表现小熊牙疼，等等。

(5) 对于缺少的道具，幼儿可以开动脑筋寻找适合的东西代替。

(6) 爱护游戏材料，游戏结束后，一起收拾整理。

小结：幼儿在准备表演布景和道具时，面对教师提供的材料有限的问题，能主动提出从家里拿来空巧克力盒、饼干盒、糖果瓶等，积极应对和解决问题。欢看表演时，幼儿能积极提出并示范自己的表演想法。可以充分利用幼儿自己的想法，把表演的角色更加丰满地表现出来。

3. 第三次指导

(1) 幼儿分组进行表演游戏，教师对观众提出看表演后的点评要求。

① 能较快地与同伴协商角色，遇到纠纷能自行协商解决。

② 能使用生动的语言、动作、表情表现故事中角色的状态。

③ 表演结束后能对表演道具轻拿轻放，物归原位，爱护表演道具。

（2）第一组表演，其他组做观众，表演结束，观众点评。

（3）第二组表演，其他组做观众，表演结束，观众点评。

（4）第三组表演，其他组做观众，表演结束，观众点评。

（5）表演、点评结束后，教师小结各组表演情况和观众点评情况。

小结：幼儿在表演的过程中不断关注到更多表现角色的方式，如小熊贪吃的样子和牙疼时的表现，小熊妈妈知道小熊牙疼后的心疼和关怀，表演性和创造性不断提高。同伴间遇到道具使用的冲突时，能够使用代替物的形式快速解决问题，表演游戏的自觉性和自主性增强。

中、大班表演故事《小熊请客》

一、主题的选择和意义

该故事是讲小熊请客，小客人都带着礼物到它家做客，大家又吃又玩又唱歌，高兴极了。小熊热情地接待小客人，小客人有礼地上门做客，表现了它们之间亲切友好的感情。而狐狸又懒又馋，它无礼地敲小熊家的门，想白吃东西，大家不欢迎它。当狐狸蛮横地闯进小熊家里时，大家团结起来，打得狐狸"哇哇"直叫，夹着尾巴逃跑了。故事的主线是小熊请客，小动物们做客；故事的场景是小熊家里、小熊家门口和小熊家附近；故事的主要情节和对话基本重复，幼儿容易记住，在重复的对话中也有些有趣的变化。

幼儿通过扮演这些角色，可以培养懂礼貌、互助互爱的优秀品质。

二、游戏的准备

（1）游戏的角色：故事中有小熊、小猫咪、小花狗、小公鸡还有狐狸。

（2）道具和布景：小熊家和小熊家附近的一棵大树。小熊的房子可用积木搭出来，也可用小椅子围起来，但要有门。家中有桌子、椅子。大树可用树枝代替。小客人送给小熊的三件礼物，可用蛋糕盒、食品盒包扎起来充当。小熊招待客人的三盆菜和向狐狸扔的石头，可分别用橡皮泥和泡沫塑料来制作。

（3）角色的装束：小熊和它的小客人以及狐狸都有头饰或服饰。

三、游戏的指导

1. 先让幼儿从听故事到会讲故事

每次听故事都要提要求，使幼儿从知道故事中的角色到熟悉故事内容和角色的对话，再到掌握故事的情节发展及角色的性格特征等。幼儿经过多次有目的地听故事后，就可以在教师的启发下完整地讲述故事了。

2. 启发幼儿表演出狐狸懒、馋、蛮横无理的形象

教师要帮助幼儿对狐狸这个角色有正确的认识。可让幼儿讨论：为什么大家不欢迎

狐狸，恨狐狸？然后，用狐狸一出场就在大树下睡懒觉，来表现狐狸懒；用狐狸看见小猫咪、小花狗和小公鸡手里拿着吃的东西，就要它们带它到小熊家去做客，来表现狐狸馋；用小动物们不带它去，它就骂了："你们等着瞧吧！"来表现狐狸的蛮横无理。最后，狐狸来到小熊家，使劲地敲门，还大声喊道："我是大狐狸，快把好吃的东西拿来！"充分表现了狐狸又懒又馋又蛮横无理。教师在帮助幼儿分析这些情节的基础上启发幼儿把这些刻画狐狸性格的情节、对话很好地表演出来。幼儿通过表演，才能对反面角色有所认识。

3. 通过示范表演，让幼儿用不同的感情来表现角色的性格，表现故事的主题思想

故事中有许多对话，这些对话体现了角色的性格特征。例如，狐狸跟小猫咪、小花狗和小公鸡对话时，时而装得老实，时而露出凶相。它要小动物带它去小熊家做客时装得十分老实（可以改变音色来讲，以示狐狸装出一副老实的样子），而当小动物不带它去时就露出凶相（说话的声音粗鲁和凶狠些）。小动物们对狐狸说的话，要表现出对狐狸的憎恶。小动物之间的对话语言是亲切、友好、热情、礼貌的。角色的不同感情对突出故事的主题思想起着很大的作用，教师可以通过示范表演来帮助幼儿体会。

4. 用歌曲来表演小熊与小客人之间的亲切关系和友好感情

故事中小熊与小客人之间亲切的对话，如能用歌曲的形式来表达，就更适合幼儿表演了。歌曲的旋律，既便于幼儿记忆，也便于幼儿进行动作表演。

例如，小猫咪到小熊家去做客，它们的亲切对话可用歌唱出来。表演游戏开展得好，需要幼儿有一定的表演能力。在这个故事表演中，幼儿要理解角色形象，体会角色的感情，要在语言表达和动作表现上去表演角色形象。教师要针对幼儿的表演能力进行评价。这种评价除了用语言以外，还可请幼儿当众示范表演，让更多的幼儿获得表演经脸，使表演游戏更有趣。

附：故事《小熊请客》

有一只狐狸，又懒又馋，整天吃饱了睡，睡够了就去偷东西吃。所以谁见了都讨厌它。

有一天，它在大树底下睡懒觉。一觉醒来，看到太阳快下山了，觉得肚子也"咕咕"叫了。它想："到哪儿去弄点东西来吃呢？"忽然，它看见小猫咪带着一件礼物走过去，连忙叫起来："小猫咪，小猫咪，你到哪里去？"小猫咪说："今天过节，小熊请客，我们到它家去，又吃又玩又唱歌，真呀真快乐！"狐狸说："你带我一起去吧！"小猫咪看看它说："狐狸，狐狸！你不做工，还想白白吃东西，哼！我才不带你去呢！"说着，就走掉了。

狐狸叹了口气，又躺下去。忽然，它看见小花狗带着一件礼物走过去。狐狸连忙叫："小花狗，小花狗，你到哪里去？"小花狗说："今天过节，小熊请客，我们到它家去，又吃又玩又唱歌，真呀真快乐！"狐狸说："你带我一起去吧！"小花狗看看它说："狐狸，狐狸！你不做工，还想白白吃东西，哼！我才不带你去呢！"说着，就跑掉了。

狐狸刚想走开，忽然看见小公鸡来了，怀里还抱着一包礼物，狐狸连忙叫："小公鸡，你到哪里去？"小公鸡说："今天过节，小熊请客，我们到它家去，又吃又玩又唱

歌,真呀真快乐!"狐狸说:"你带我一起去吧!"小公鸡说:"狐狸,狐狸!你不做工,还想白白吃东西,哼!我才不带你去呢!"说着,飞快地跑掉了。

狐狸很生气,嘴里骂着:"你们都是坏东西,好哇,你们不带我去,我偏要去。到了小熊家,我就把好吃的东西,一口气都吞进肚子里。你们等着瞧吧!"说着,它把舌头舔了舔,朝小熊家走去。

小熊正在家里忙着呐。它把地扫干净,桌子凳子擦干净,把三盆菜——鱼、肉骨头、小虫子放在桌上。忽然,听到敲门声,小熊忙问:"谁呀?""我是小猫咪。""欢迎你!欢迎你!"小熊把门打开,请小猫咪进来,又把门关好。小猫咪把礼物送给小熊。小熊说:"谢谢你,谢谢你,我也请你吃东西。这是小鱼、肉骨头和小虫,随便吃点,别客气。"小猫咪说:"肉骨头、小虫我不爱,小小鱼儿我最喜欢。"

小猫咪正要吃东西,小花狗来了,它把礼物送给小熊,小熊说:"谢谢你,谢谢你,我也请你吃东西。这是小鱼、肉骨头和小虫,随便吃点,别客气。"小花狗说:"小鱼、小虫我不爱,肉骨头我最喜欢。"

这时候,小公鸡也来了,它把礼物送给小熊,小熊说:"谢谢你,谢谢你,我也请你吃东西。这是小鱼、肉骨头和小虫,随便吃点,别客气。"小公鸡说:"小鱼、肉骨头我不爱,小小虫儿我最喜欢。"

忽然,出现了"咚咚咚,咚咚咚"的敲门声,小熊问:"谁呀?"狐狸在门外大声叫:"快开门!我是大狐狸!"小猫咪、小花狗说:"哎呀!原来是这个坏东西来了。"狐狸把门敲得更响了,一边敲,一边叫:"快开门!把好吃的东西都拿来。"

小熊、小猫咪、小花狗,还有小公鸡凑在一起想办法,小鸡说:"我垒房子的时候,还剩下好些石头,我把石头分给你们,等一开门,咱们一块儿拿石头打它。"大家说:"好。"小花狗、小熊赶快把石头分给了大家。

小熊把门打开,狐狸一进门就喊:"快把好吃的东西拿来!""给你!给你!给你!"大家一边喊着,一边向狐狸扔石头。狐狸抱着头叫:"哎呀!哎呀……疼死我了!"连忙夹着尾巴跑掉了。

大家哈哈大笑,一起唱歌,跳起舞来,玩得很快乐。

评估反馈

一、练一练

1. 练习内容

以小组为单位,自主选择某个表演游戏的主题,如"拔萝卜""三只小猪""小蝌蚪找妈妈"等,进行表演练习。

2. 练习步骤

(1) 仔细阅读故事,看动画片,看表演录像等。
(2) 讨论角色特征、道具准备和舞台设计。
(3) 布置舞台(表演场景),准备表演道具。
(4) 进行表演。
(5) 组间展示,互评。

二、目标达成情况评价

表 3-8 单元三评价表

序号	学习目标	达成情况(在相应的选项后打"√")		
		能	不能	不能是什么原因
1	理解表演游戏的含义和作用			
2	理解表演游戏的要素和种类			
3	掌握幼儿表演游戏组织指导工作各个环节的重点			
4	能够做好幼儿表演游戏的准备工作			
5	能够结合幼儿的特点、兴趣,组织并实施各个年龄班级的表演游戏活动			
6	能够在表演游戏中正确观察、分析与评价幼儿的行为表现			

参考文献

[1] 邱学青. 学前儿童游戏 [M]. 4版. 南京：江苏教育出版社，2008.

[2] HENDY L, TOON L. Supporting drama and imaginative play in the early years [M]. Buckingham：Open University Press，2001.

[3] 张惜萍，隋春玲. 幼儿园游戏组织与指导 [M]. 北京：北京出版社，2014.

[4] 王可，郭会萍. 儿童假装游戏理论与相关研究 [J]. 心理研究，2009，2（5）：40-43.

[5] 杨枫. 学前儿童游戏 [M]. 2版. 北京：高等教育出版社，2012.

[6] 叶小红. 幼儿园游戏与指导 [M]. 南京：江苏教育出版社，2014.

[7] 杨梅佐. 大班幼儿表演游戏中的幼儿行为与教师指导行为研究 [D]. 南京：南京师范大学，2010.

[8] 丁海东. 幼儿园游戏与指导 [M]. 北京：高等教育出版社，2018.

单元四
幼儿体育游戏

学习目标

1. 知识目标

(1) 理解幼儿体育游戏的含义。
(2) 理解幼儿体育游戏的分类。
(3) 理解幼儿体育游戏的结构及价值。
(4) 掌握幼儿体育游戏组织指导工作各个环节的主要内容。

2. 能力目标

(1) 能够做好幼儿体育游戏的准备工作。
(2) 能够结合幼儿的特点、兴趣,组织并实施各个年龄班级幼儿的体育游戏活动。
(3) 能够在幼儿体育游戏中正确观察、分析与评价幼儿的行为表现。

学时建议

6学时。

单元结构图

情境导入	·幼儿体育游戏片段
知识准备	·什么是体育游戏? ·体育游戏有哪些种类? ·体育游戏包含哪些要素? ·体育游戏有什么作用?
任务	·体育游戏的准备 ·体育游戏的组织与实施 ·体育游戏的结束 ·不同年龄班体育游戏指导的区别
案例分享	·小班体育游戏设计:大家来做操 ·中班体育游戏设计:小朋友收稻子 ·大班体育游戏设计:夹包跑
评估反馈	·练一练 ·目标达成情况评价

幼儿游戏理论与实践

情境导入

幼儿园开展体育游戏，王老师带领幼儿玩起了"小马运粮"。王老师首先给幼儿创设了情景，还给游戏加大了难度——需要通过不同的障碍物。第一个障碍是要双脚跳过"小土堆"，第二个障碍是要穿过一片"森林"，最后一个也是最难的障碍是要助跑跨跳过一条"小河"。

游戏开始了，幼儿有秩序地进行着，轮到明明了，他很想快速地把"粮食"运到同伴的手里，可是心急就做不好事情，他犯规了，没有双脚跳过"小土堆"，必须返回原地重新开始，这就耽误了一些时间。他们队自然也没有得冠军，他一下子情绪低落了，眼眶有些湿润，王老师安慰说："没有关系，我们再来比赛一次，只要大家按照正确的游戏规则，你们一定会成功的。"

上述体育游戏片段在幼儿园中非常常见，体育游戏在幼儿的成长发展中有哪些意义？你认为案例中王老师的行为是否恰当？教师在体育游戏中应该提供什么样的支持？

知识准备

一、什么是体育游戏？

《幼儿园工作规程》中明确指出："游戏是对幼儿进行全面发展教育的重要形式。"体育游戏是幼儿园体育教育的一项重要内容和主要形式。

体育游戏，也称为活动性游戏或运动游戏，是根据一定的体育游戏任务设计的，由身体动作、情节、角色和规则组成的一种活动性游戏，是幼儿体育活动的一种主要形式。

幼儿体育游戏由各种基本的动作组成，有严格的规则，有明确的结果，是以发展幼儿身心为目的的一种锻炼活动。它内容丰富有趣，形式活泼多样，如奔跑、钻爬、攀爬、追逐等活动，易于激发幼儿积极参加体育活动的兴趣和愿望，对幼儿具有较大的吸引力。

> **拓展**
>
> 英国唯物主义哲学家洛克的《教育漫画》在西方教育史上第一次将教育分为体育、德育、智育三部分，并做了详细论述。全书共分为3部分。第一部分论述体育。洛克认为，健康的精神寓于健康的身体，要防止在衣着、饮食、动静、药物使用等各方面对孩子们娇生惯养，要锻炼出他们能够忍耐劳苦的强健体魄。

二、体育游戏有哪些种类？

（1）按照游戏的组织形式，幼儿体育游戏可分为自主体育游戏和体育教学游戏两种。

自主体育游戏是以幼儿为主，幼儿自定运动形式、自选运动器械、自由组合玩伴的自主性游戏活动，主要有徒手游戏、轻器械游戏、户外大型玩具游戏和益智游戏。体育教学游戏是以教师为主，为完成一定的教学目标而组织的教学性游戏活动。

（2）按照身体的基本动作，幼儿体育游戏可分为走类游戏、跑类游戏、跳跃类游戏、投掷类游戏、钻爬类游戏、攀登类游戏、平衡类游戏、翻滚类游戏等。

（3）按照身体素质的培养，幼儿体育游戏可分为速度类游戏、力量类游戏、耐力类游戏、灵敏类游戏、柔韧类游戏与平衡类游戏等。

（4）按照游戏活动的性质，幼儿体育游戏可分为以下几种。

① 模仿性游戏。幼儿通过模仿各种动作，达到发展他们基本动作的目的。如小班体育游戏"青蛙娃娃"，幼儿模仿青蛙的动作，训练双脚向前行进跳的技能。这种体育游戏常伴有儿歌、音乐，多运用于小班。

② 有主题情节的游戏。这种游戏的特点是有角色、有开始、发展、结束的游戏情节。此类游戏有不同的难易程度，各班都能进行。如小班的"猎人打狐狸""编花篮"，中班的"勇敢的小兵""小羊小羊跑"，大班的"小小飞虎队""飞虎队特训营"。

③ 竞赛性游戏。这是一种互相比赛以分出胜负的体育游戏，一般分队进行。由于竞赛性游戏强调结果的胜负，而小班幼儿还不太懂，兴趣只在游戏动作和过程本身，所以一般不在小班运用。中班幼儿开始注意到游戏的结果，并逐步对比赛产生兴趣，对竞赛性游戏有所理解。因此，此类游戏宜从中班开始选用，到了大班逐渐增多。

④ 躲闪性游戏。这种游戏对训练幼儿的动作灵敏性有较大作用，参加游戏的幼儿为了保持优胜而不被淘汰，就必须灵活地躲闪，如"老鹰捉小鸡"游戏。由于这类游戏对各种动作技能要求较高，躲闪时不仅要迅速跑步、转身、设法避开等，还要注意不碰撞其他同伴，因此，适合在中、大班开展。

⑤ 球类游戏。指滚球、拍球、抛接球、击木柱、投篮、踢足球、打乒乓球等。教师应随着幼儿年龄的增长，由易到难地组织幼儿开展各种球类游戏。

⑥ 民间体育游戏。指民间世代相传的一些小型体育游戏，如跳房子、踢毽子、跳橡皮筋、跳绳、夹包、翻饼等。

拓展

民间体育游戏，形式如过家家、丢手绢、老鹰捉小鸡……，由来已久，唐太宗就曾这样描述道："土城竹马，童儿乐也；饰金翠罗纨，妇人乐也；贸迁有无，商贾乐也；高官厚秩，士大夫乐也；战前无敌，将帅乐也；四海宁一，帝王乐也。"它是集民间布衣智慧于一体，是人们在长期的共同生活中逐步形成的、经过实践检验才流传至今的一种活动，具有鲜明的地方特色。其丰富的内涵和喜闻乐见的形式，反映了现实生活的多姿多彩，深受幼儿喜爱和欢迎。

三、体育游戏包含哪些要素？

体育游戏由游戏任务、游戏动作、活动方式、游戏情节、游戏规则、游戏条件等组成，这些结构成分都以一定的方式相互联系和相互影响，都按照一定的规律变化。

1. 游戏任务

游戏任务在游戏中有定向的作用。幼儿体育游戏的任务是组织幼儿、集中幼儿的注意力，使幼儿明确活动的内容和要求，激发他们参与身体锻炼活动的兴趣。

2. 游戏动作

体育游戏的动作是身体训练的主要手段，它是决定游戏性质和功能的主要成分。幼儿体育游戏的动作主要有五类，分别是：发展基础运动能力的动作，包括走、跑、跳、投等基本动作和提高身体素质的动作；简单的运动动作，如球类、体操等运动项目的基本动作；体育游戏本身所特有的动作，如夹包、踢毽子、跳橡皮筋等游戏中的动作；模拟动作和简单的舞蹈动作；生活动作，如穿衣、背物等动作。

3. 活动方式

活动方式是指游戏的组织活动和练习方法。它是实现游戏教育任务的途径，也是体育游戏的主要结构成分之一。体育游戏的组织活动包括游戏队形、分队和分配角色、启动和结束活动。如体育游戏"小推车"，就涉及游戏队形、如何分组、如何分配角色、如何启动和结束活动。游戏练习方法是基于一定教育目的的动作活动。幼儿体育游戏中常用的练习方法有模拟法、竞赛法、综合练习法等。

4. 游戏情节

游戏情节是游戏构成要素。游戏的具体变化和经过，即贯穿整个游戏、富有故事性的各个细节。体育游戏带上一定的情节会增加趣味性。例如双脚跳，可以比拟为小白兔跳、小青蛙跳等。

5. 游戏规则

规则是游戏顺利进行的保证，而规则的恰当性又是游戏者遵守规则的重要前提。

6. 游戏条件

游戏条件是指体育游戏赖以进行的物质条件，包括玩具、场地、器械等。玩具在体育游戏中具有双重性质，它既是物质条件，又是动作对象。游戏场地是游戏活动的必要条件，它对锻炼身体的效果、动作性质和活动方式都有直接的影响。

四、体育游戏有什么作用？

1. 促进幼儿身体的发展

体育游戏将走、跑、跳、钻、爬等基本动作赋予情节，充分调动幼儿主动参与运动的积极性，并通过反复、大量练习让幼儿在游戏中达到体育锻炼的目的，促进幼儿身体的发展。例如幼儿园大班游戏"两人三足"，就是通过用皮筋把幼儿的腿绑在一起，让幼儿协同一起向前跑，以此来锻炼幼儿身体的协调性。

拓展一

体育运动对孩子的9大好处，值得家长们好好看看

1. 能使身高增加

体育锻炼能增强孩子身体各器官系统的功能，使孩子体格健壮。孩子能够长高，是由于全身骨骼的生长，尤其是长骨的生长，因为长骨两端的骺软骨部分是骨的生长点。由于体育运动，改善了血液循环，骨组织得到了更多的营养。同时，运动对骨骼起着一种机械刺激作用。所以，能促使骨骼生长加速，使孩子身高随之有所增长。苏联、德国等国家的婴儿游泳开展较广泛，那些地方的生理医学专家研究表明，婴儿参加游泳，身体增长速度比一般孩子快。

2. 能锻炼孩子四肢

运动可以增加肌肉力量，使肌肉逐渐变得丰满起来。如果在小儿各项动作发展之前，加强腹肌、腰肌、背肌、四肢支撑力，及加强下肢肌肉力量的锻炼和进行一些条件反射的训练，使孩子通过这些触觉刺激和肌肉训练，在脑中枢建立联系，就可使孩子的动作变得灵敏，肌肉变得发达。

3. 促进心肺功能

运动能促进心肺功能，使血液循环加快，新陈代谢加强，心肌发达，收缩力加强。孩子在锻炼过程中，肌肉活动需要消耗大量的氧气和排出更多的二氧化碳。于是，呼吸器官需要加倍工作，久而久之，胸廓活动范围扩大，肺活量提高，肺内每分通气量（即每分钟的通气量）加大，增强了呼吸器官的功能，对防止呼吸道常见病有良好的作用。

4. 胃肠蠕动增加

运动可使孩子胃肠蠕动增加，胃肠消化能力增强，食欲增加，营养吸收完全，使孩子发育更好。

5. 能促进神经系统的发育

锻炼时，机体各部的协调运动都是在神经系统统一控制和调节下进行的，因此，在进行体格锻炼的同时，神经系统本身也经受锻炼和提高。如各种体操，可使孩子从无秩序的动作，逐步形成和发展为分化的、有目的、协调的动作，这是对神经系统良好的调节。

6. 能预防疾病

孩子多进行户外运动，接受日光、空气和水的沐浴，能逐步经受外界环境变化的刺激，皮肤和呼吸道的黏膜不断受到锻炼，增强了其耐受力，大脑皮层也对冷和热的刺激形成条件反射。当自然因素发生变化时，孩子就能迅速而准确地进行反应，使身体跟外界环境保持平衡，这样就不容易感冒，也不容易中暑。在户外活动，阳光中的紫外线照射皮肤后，可使皮肤中的7－脱氢胆固醇转化为维生素D，促进人体对钙和磷的吸收，预防和治疗佝偻病。紫外线还可以刺激骨髓，制造红血球，防止贫血。新鲜空气中的氧气，能促进新陈代谢，并有杀菌的作用。

拓展一

7. 促进智力发育

体育锻炼中的各种动作，直接受神经系统的支配和调节。人在活动时，肌肉中的神经可将各种刺激冲动传到大脑，从而促进大脑的功能，使大脑对动作反应更加灵敏。以前的联邦德国一份报告说学习游泳的婴儿长大后，其智力、独立能力和自信心都要比其他儿童强。从生理角度看，体育运动可以增加脑的血流量，能供给脑细胞更多的养料和氧气。三岁前的营养对决定智能十分重要，而运动很有利于婴幼儿对营养的摄取，促进脑细胞的正常生长发育，对智力发展很有益处。

8. 可塑造儿童性格

体育锻炼不仅是身体的锻炼、大脑的锻炼，也是意志和性格的锻炼。体育运动能克服某些不良行为，使儿童的性格开朗、活泼、乐观。当孩子在澡盆里玩水，在跑着、笑着去追逐滚着的皮球，在阳光下接触大自然的时候，婴幼儿的情绪会十分快乐。这种良好的情绪有助于身体健康，运动还能培养孩子的毅力。幼小的孩子做一些动作要付出较大的努力，有时要克服各种困难，这就是很好的意志锻炼。运动后，孩子更有自信心和成功感，孩子会变得更加优秀、懂礼貌，与人相处较为主动平和。适当的运动对儿童人际关系发展有很大作用，使儿童养成与人合作的习惯和遵守规则的行为，适于日后的社会需要。对于性格孤僻、不合群的孩子，要多让他们参加集体活动和各种游戏，与众多儿童接触，可改变其孤僻、忧郁的性格，有利于孩子身心健康成长。

9. 体育运动是健美的最佳药方

锻炼可防止儿童由于营养过剩而造成的肥胖。经常参加体育运动的孩子的肌肉比较有力，关节比较灵活，脊背比较挺直，小腹比较扁平，腰肢比较纤细，体态良好，动作协调优美，对自己比较有信心。

（选摘自：https://www.sohu.com/a/216736704_99963276.）

拓展二

《3—6岁儿童学习与发展指南》关于幼儿动作发展的要求

表4—1　目标1：具有一定的平衡能力，动作协调、灵敏

3~4岁	4~5岁	5~6岁
1. 能沿地面直线或在较窄的低矮物体上走一段距离 2. 能双脚灵活交替上下楼梯 3. 能身体平稳地双脚连续向前跳 4. 四散跑时能躲避他人的碰撞 5. 能双手向上抛球	1. 能在较窄的低矮物体上平稳地走一段距离 2. 能以匍匐、膝盖悬空等多种方式钻爬 3. 能助跑跨跳过一定距离，或助跑跨跳过一定高度的物体 4. 能与他人玩追逐、躲闪跑的游戏 5. 能连续自抛自接球	1. 能在斜坡、荡桥和有一定间隔的物体上较平稳地行走 2. 能以手脚并用的方式安全地爬攀登架、网等 3. 能连续跳绳 4. 能躲避他人滚过来的球或扔过来的沙包 5. 能连续拍球

拓展二

表4-2 目标2：具有一定的力量和耐力

3~4岁	4~5岁	5~6岁
1. 能双手抓杠悬空吊起10秒左右 2. 能单手将沙包向前投掷2米左右 3. 能单脚连续向前跳2米左右 4. 能快跑15米左右 5. 能行走1公里左右（途中可适当停歇）	1. 能双手抓杠悬空吊起15秒左右 2. 能单手将沙包向前投掷4米左右 3. 能单脚连续向前跳5米左右 4. 能快跑20米左右 5. 能连续行走1.5公里左右（途中可适当停歇）	1. 能双手抓杠悬空吊起20秒左右 2. 能单手将沙包向前投掷5米左右 3. 能单脚连续向前跳8米左右 4. 能快跑25米左右 5. 能连续行走1.5公里以上（途中可适当停歇）

表4-3 目标3：手的动作灵活协调

3~4岁	4~5岁	5~6岁
1. 能用笔涂涂画画 2. 能熟练地用勺子吃饭 3. 能用剪刀沿直线剪，边线基本吻合	1. 能沿边线较直地画出简单图形，或能边线基本对齐地折纸 2. 会用筷子吃饭 3. 能沿轮廓线剪出由直线构成的简单图形，边线吻合	1. 能根据需要画出图形，线条基本平滑 2. 能熟练使用筷子 3. 能沿轮廓线剪出由曲线构成的简单图形，边线吻合且平滑 4. 能使用简单的劳动工具或用具

2. 有利于培养幼儿的意志品质

体育游戏作为学前儿童成长过程中不可缺少的重要组成部分之一，由于自身的趣味性吸引着广大幼儿，可以激发幼儿的运动愿望，使其乐而不厌，为幼儿今后经常参加体育锻炼打下基础。为了使游戏能顺利进行，要求每位幼儿能遵守体育游戏中的各项规则，通过扮演游戏角色学会控制自己的喜好和行为，从而加强幼儿在生活中的约束力。游戏中会出现幼儿未遇到过的问题，这就需要幼儿自己独立思考，自觉地克服困难，进而出色地完成游戏。

拓展

苏联心理学家马努依连柯做过"哨兵"站岗的实验，要求幼儿在空手的情况下，保持哨兵持枪的姿势。有两种情境：一种是非游戏环境——其他幼儿在一边玩，让他在一边以哨兵持枪的姿势站着；另一种是游戏情境——实验者以游戏方式向他提出要求，告诉他其他幼儿是"工人"，他们正在包装糖果，他来当哨兵，为保护工厂而站岗。结果表明，在第二种游戏情境下，幼儿当"哨兵"站立不动的时间远远超过非游戏情境下站立不动的时间，游戏使幼儿发展控制自己冲动的能力。

五、实施幼儿体育游戏应注意的问题

1．注重幼儿身体素质的提高

幼儿身体素质的提高主要是体质的增强，幼儿体育游戏应以幼儿体质为核心。

2．重视培养幼儿对体育活动的兴趣和态度

体育活动的功能必须通过幼儿自身的积极参加才可能实现，实施体育必须培养幼儿的兴趣和积极态度。

3．专门的体育活动与日常活动相结合

专门组织的体育活动是增强幼儿体质的有效途径，但并不是唯一的途径。要实现体育的目标，必须通过多种途径，重视日常生活中的体育。

4．注意体育活动中教师的指导方式

教师在组织幼儿体育活动中，应采用不同的指导方式。例如，在早操活动中，教师的示范很重要；组织体育课，教师要充分调动幼儿活动的积极性来实现活动目标；体育游戏中则要充分保证幼儿的自主性，户外体育活动中要保证幼儿自由、安全地活动。

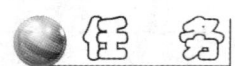

在幼儿园中开展体育游戏是一名幼儿教师的日常工作任务之一。在开展一个具体的幼儿体育游戏的过程中，教师需要做好体育游戏的准备、体育游戏的组织与实施、体育游戏的结束三方面的工作。其中，在组织实施体育游戏的过程中，还需根据不同年龄班幼儿身心发展的水平和特点，对不同班的体育游戏进行有针对性的指导。

单元四 幼儿体育游戏

任务一 体育游戏的准备

一、游戏内容的选择

要根据幼儿的身心发展特点，以培养幼儿的良好习惯和品质为基本原则，选择适合幼儿发展的游戏内容，使幼儿积极参与游戏，在游戏中锻炼提升创造力，培养集体主义精神等。

（1）体育游戏的内容要与时俱进。体育游戏来源于生活并反映生活，与时代的发展是密切联系的，幼儿体育游戏的内容不仅要迎合幼儿的喜好，还要体现社会热点。如有些幼儿教师根据《爸爸去哪儿了》节目，设计出相关的体育游戏，深受幼儿的喜欢。

（2）体育游戏的内容要因材设计。在幼儿园开展体育游戏时，要充分考虑幼儿的性别、年龄、身体素质等方面的差异，根据男女幼儿身心发展的不同特点来设计游戏内容。例如，对于女幼儿，可设计一些对力量要求比较低的体育游戏，而对于男幼儿，则可设计一些锻炼力量、提高耐力的体育游戏。

（3）体育游戏的内容要遵循幼儿认知的发展规律。由于幼儿认知与理解方面的能力较为欠缺，因此在内容的选择上应该坚持循序渐进的原则，设计一些幼儿易于理解和接受的体育游戏。

二、器材和场地的准备

由于幼儿具有生性好动和缺乏安全防护意识的特点，因此，在体育游戏中，应尽可能选择比较轻且没有尖锐突出物的器材。在进行体育游戏场地选择时，一定要选择比较宽广且没有尖锐物的场地。

拓 展

户外体育游戏区域

1. 运动器械区

主要是指攀登架、滑梯这样的大型组合玩具和秋千、跷跷板、转椅这样的中型玩具区，如果户外空间较大，可以设立在任一空间，相互之间要有距离，并在幼儿出口着地处铺设软垫；如果幼儿园户外空间不足，可以考虑把几种功能的玩具集于一体，并和沙池组合在一起，节省空间和成本。

2. 集体运动场地

在我国绝大多数幼儿园都有全园一起做操的习惯，还有上体育课的传统，所以，幼儿园还需要有一块较宽敞的、平坦的空间，在这个空间上可以开展集体游戏，可以开辟车道，可以独立出小班的软游戏区。这样的游戏场地面经济条件较好的幼儿园

拓展

可以全部软化，铺设塑胶地面或人造草坪，也可以有部分自然草坪，没有条件的幼儿园就保留土质地面，不要用水泥和砖块硬化，除非是专门的车道。集体运动场地还要开展各种各样的游戏活动，利用率很高，尤其是小型自制玩具的游戏，如玩风车、玩沙包、玩飞碟、走莲花桩、玩轮胎、玩球等，所以，最好在四周为每个班设计一个玩具储藏室。集体运动场地的四周最好栽种高大的乔木，保证夏季提供绿荫。

3. 攀爬区

小孩子都喜欢攀爬，尤其是中大班的幼儿，所以应该尽可能为幼儿设计1～3个攀爬区。比如可以在墙面设计横向攀岩，在绿色长廊设计软索爬梯，在草坪上设计轮胎爬墙、软索爬墙等。

4. 长廊

长廊可以连接室内与户外，也可以连接户外多个游戏区；可以变成夏季绿荫长廊供幼儿嬉戏；也可以在长廊设计爬索、吊挂幼儿跳高摸的物品；也可以在长廊设计休闲长椅、石桌等。

5. 小树林

若幼儿园户外空间充足，可以设计一个小树林，栽种各种树木，包括果木、花木等，在小树林里吊挂秋千、摇椅等设施，保留树林的土质地面。

6. 草坪

有条件的幼儿园可以设计开阔大面积的草坪，不是观赏草坪，应该允许幼儿上去滚爬戏耍；没有条件的幼儿园可以铺设带状草坪，或者在裸露土壤的地面铺设草坪，作为软化地面的手段。

7. 种植养殖区

有条件的幼儿园应该为每个班的幼儿开辟一块种植区和养殖区，距离自己的班级较近，并有班级标牌，由幼儿自己管理，而不是交给门卫或教师管理；没有条件的幼儿园也应该利用现有场地、哪怕利用盆盆罐罐进行种植养殖活动也行，这是幼儿的探索活动，也是幼儿的游戏活动，是每个幼儿童年的乐趣所在。

8. 土坡（山洞）

每个小孩子都喜欢爬土坡，并享受从土坡上滑下的乐趣，成人或许会感觉脏，禁止小孩子玩耍，小孩子却很享受其乐趣，这种乐趣比之漂亮的滑梯更浓厚。当然，如果可以在土坡下挖一地道，形成一个神秘的小山洞，那就更好玩了！

9. 玩沙区

幼儿喜欢玩沙，因为沙子富有变化，所以可以天天玩，年年玩。幼儿园应该根据人数的多少设计几个不同规格的沙池，边缘可以用轮胎进行软化处理，轮胎还可以提供给幼儿一个走平衡的好场所。沙池四周最好有高大的树木，夏季提供绿荫。

拓 展

10. 玩水区

玩水区可以和玩沙区相邻。条件较好的幼儿园可以设计游泳池、喷泉、鱼池等不同的玩水区；条件一般的幼儿园可以设计简单的长条形玩水池，紧邻玩沙区，既可以为沙池供水，也方便幼儿玩沙后洗手。

11. 投掷区

投掷活动可以锻炼幼儿的臂力，发展手眼协调能力，所以，幼儿园可以在户外设计一个投掷区，如果空间不足，投掷区可以借用门廊、墙面、树林、长廊等地，不单独占用空间。

12. 涂涂画画区

户外涂涂画画，不同于室内桌面上的绘画活动，对于小孩子更有吸引力。幼儿园可以利用户外墙面为幼儿设计一面自由墙，可以用水彩笔涂画、可以是粉笔涂画、也可以是毛笔或其他大刷子等工具和材料的涂画。墙面当然必须是可以擦掉、重复使用的。

13. 户外游戏小屋

幼儿园可以在户外设计一座童话式小城堡或小木屋，也可以利用农作物的秸秆或草席、稻草之类自然材料设计一座自然风貌的小屋，也可以简单地利用帐篷为幼儿设计几个悄悄话小屋，这些都会让幼儿在户外游戏时充满趣味，并增加幼儿社会性交往的机会。

（资料来源：http://mama.baidu.com/weekly/detail?docid=11001009.）

任务二　体育游戏的组织与实施

1. 教师示范和讲解

幼儿天性好动和好模仿，因此，体育教师必须先向幼儿进行示范和讲解，从而激发他们的兴趣，让他们建立起初步的游戏概念。示范就是教师根据游戏的具体内容、方法和规则等，进行游戏演示。讲解则是向学生说明游戏的名称，应该遵循的规则和游戏方法等。不同的幼儿活动，对教师、保育员、保健医生等的要求不同，具体如表4-4所示。

表 4-4　不同幼儿活动对教师、保育员、保健医生的要求

活动类别	活动环节	幼儿	基本要求			说明
			教师	保育员	保健医生	
体育活动	集体活动	1. 着装便于运动，情绪愉快，积极参与，倾听要求 2. 遵守体育活动常规，服从教师安排，有自我保护意识；身体不适时，主动告诉保教人员 3. 知道体育器械、器材的玩法和简单功能，爱护器材，根据要求积极尝试新玩法 4. 乐于和同伴分享互学；能运用协商、讨论、合作等方法解决矛盾冲突 5. 掌握走、跑、跳、攀爬、投掷、钻、平衡等各种基本动作技能，能够坚持活动一段时间 6. 活动后，配合保教人员将体育器材收拾和整理好 7. 能与教师和同伴分享体育活动中的感受	1. 保证走、跑、跳、攀爬、投掷、钻、平衡等各种基本体育活动的开展，活动应包括准备与热身、基本练习、放松与整理三个部分 2. 根据幼儿发展水平选择、安排适宜的体育活动，重视幼儿基本动作发展，促进幼儿运动技能均衡发展 3. 着装适宜，口令清晰，动作规范，活动游戏化 4. 活动前，布置好场地，并检查器械及场地是否存在不安全因素 5. 检查幼儿服饰的适宜性，尤其留意幼儿的围巾、鞋带和衣服的外加饰物的安全性等；组织幼儿做好锻炼前的准备，培养幼儿运动的兴趣 6. 建立运动的基本常规，使幼儿学会正确使用体育器材，在运动中保护自己 7. 鼓励和支持幼儿参与体育游戏和教学活动，鼓励幼儿在安全条件下自己探索和创造新玩法 8. 观察幼儿运动，发现危险行为应及时阻止；幼儿受伤或身体不适，要及时处理并告知家长 9. 活动结束后进行小结，可鼓励幼儿大胆说出自己的体验和想法；指导幼儿收拾器材，整理活动场地	1. 活动前，了解活动内容，协助教师准备活动材料、器具和场地 2. 观察幼儿的运动情况，指导和帮助个别有困难和不专心的幼儿 3. 发现幼儿受伤或者身体不适，及时报告教师并送往保健室 4. 协助教师收拾场地，整理器械 5. 活动后，提醒幼儿洗手、饮水，适当增添衣物	1. 培训保教人员正确处理幼儿意外伤害 2. 指导保教人员在活动中做好特殊幼儿的护理工作 3. 指导保教人员合理调节幼儿的运动量，抽查幼儿的运动量 4. 巡视全园，留心场地和器械、器材的使用情况，发现安全隐患及时上报处理 5. 幼儿身体不适或意外受伤时，及时检查或送至医院就医，上报园长，尽快与家长联系	1. 充分利用日光、空气、水等自然因素，以及本地自然环境，有计划地锻炼幼儿的肌体 2. 幼儿每天户外活动不少于2小时，其中体育活动不少于1小时，高温天气可酌情减少 3. 保教人员可与幼儿自制体育器械 4. 阴雨天，充分利用走廊、门厅、长廊、屋顶平台等场地，合理安排各班体育活动

续上表

活动类别	活动环节	幼儿	基本要求			说明
			教师	保育员	保健医生	
体育活动	自选活动	1. 着装便于运动，情绪愉快，积极参与，倾听要求 2. 遵守体育活动常规，有自我保护意识；身体不适时，主动告诉保教人员 3. 知道体育器械、器材的玩法和简单功能，选择自己喜欢的体育器材和活动 4. 爱护器材，敢于自主尝试新玩法，乐于创造新游戏 5. 乐于和同伴分享体育器材；能运用协商、讨论、合作等方法解决矛盾冲突，制定并遵守规则 6. 活动后，配合保教人员将体育器材收拾和整理好 7. 能与教师和同伴分享体育活动中的感受	1. 选择合适的场地，保证幼儿运动的空间 2. 做好幼儿运动准备，投放丰富和多功能性的体育器材，检查运动器械的安全性 3. 检查幼儿服饰的适宜性，尤其留意幼儿的围巾、鞋带和衣服的外加饰物的安全性等 4. 给幼儿自选器械的机会。与幼儿共同建立游戏常规，教会幼儿自我保护 5. 鼓励幼儿积极参与各种运动，及时鼓励幼儿的新玩法。引导幼儿用多种方法使用器械，并与同伴分享、合作 6. 观察幼儿的运动情况，关注和回应幼儿的个体需要 7. 运动结束前，提前提示幼儿，让幼儿做好心理准备 8. 运动结束后，可鼓励幼儿踊跃分享感受和经验，并给予点评；指导幼儿收拾器材，整理活动场地	同上	同上	1. 保教人员观测幼儿户外体育活动的运动量，做好防寒防暑准备 2. 保教人员明确户外场地的职责与分工，保证幼儿在视线范围内活动，发现问题互相协助，及时解决 3. 可适当安排混班、混龄自选体育活动

资料来源：《广东省幼儿园一日活动指引（试行）》

2. 选择合适的游戏领头人

领头人主要起到组织和引导其他游戏者进行游戏活动的作用。在进行游戏领头人选择时，应首先考虑是否有利于游戏的进行以及游戏领头人的能力等。一般情况下，领头人由教师指定或者让幼儿轮流担任。

（1）指定法：由教师直接或者暗中指定游戏领头人。这种方法简单易行，方便游戏的开展。如在游戏"老鹰捉小鸡"中，教师直接指派一名活动能力强的幼儿当老鹰，有利于整个体育游戏的开展。

（2）民主法：由参与游戏的幼儿民主推选游戏领头人。这种方法有利于培养幼儿的民主意识。

（3）随机法。教师通过随机法使每位幼儿都有当游戏领头人的机会，这样容易调动幼儿参与游戏的积极性。

3．游戏的分组

在进行游戏分组时，应考虑幼儿的年龄、性别和性格特征等，遵循一些基本的原则。例如，尽可能把相同年龄段的幼儿分配到一组；分组时要把男女分开或者男女搭配得当；各组游戏的实力应差别不大；每组人数适中，有一定危险的游戏应该不要分组过多。具体地，主要有以下两种分组方法。

（1）随机分组。教师根据班级的人数进行随机分组，幼儿被随机分配到不同的小组。

（2）能力分组。教师根据平时的观察，把幼儿按能力或学业成绩分为不同的小组。

4．保证游戏的安全

幼儿通常缺乏最基本的安全防护意识和卫生意识，因此教师在组织体育游戏时，要特别注意采取必要的安全措施和卫生措施，同时要加强对幼儿的安全教育和卫生教育，否则有可能导致危险发生或者引起肢体创伤等。

任务三　体育游戏的结束

游戏评价和讨论是体育游戏教育的重要组成部分。幼儿一般具有强烈的胜负观念和意识，因此，教师必须按照游戏规则对游戏结果进行公正的评价，内容包括游戏胜负各队的纪律，完成游戏的情况等。

游戏讨论是指导游戏、提高游戏水平的方法之一，一般由幼儿和教师共同参与。如果本次游戏中教师发现了一些问题，也可以在此环节和幼儿共同商讨解决。

任务四　不同年龄班体育游戏指导的区别

在幼儿园的小班、中班、大班各个年龄阶段，由于幼儿的身心发展水平不同，体育游戏的具体表现和特点各有不同，因而教师对不同年龄班体育游戏指导的重点也有所不同。

一、各年龄班体育游戏的区别

以下为各年龄班体育游戏的特征比较，如表 4-5 所示。

表 4-5 各年龄班体育游戏的特征比较

对比维度	小班	中班	大班
内容、动作	内容简单，动作简单	内容开始复杂，喜欢有情节的游戏和追逐性的游戏	喜欢竞赛性的游戏和内容丰富、需要体力与智力配合的游戏，动作增多，难度增大
情节	简单	复杂性增加	较复杂
角色	少，多为幼儿熟悉的角色	增多	较多，与情节的联系更紧密
规则要求	简单，不带限制性	较复杂，带有一定的限制性	较复杂，限制性较强
结果	幼儿不太注意	幼儿有所注意	喜欢有胜负结果
活动方式	集体同做一种动作，共同完成一项任务	出现两三个人合作的游戏	合作性游戏增多，增加了组与组之间的合作

二、小班幼儿体育游戏的特点及指导

小班幼儿的基本活动能力、身体素质和自我控制能力相对较弱，注意力不够集中，但爱模仿，对游戏中的情节和角色容易产生兴趣，是这个年龄段幼儿的突出特征。因此，小班幼儿的体育游戏应是具有一定情节且内容简单、活动量较小的游戏。例如，可选择时下正在热播的动画片开展模仿性游戏，由教师担任主要角色带领幼儿完成。游戏内容以全体幼儿完成同一个动作或完成不多于两项任务为宜。游戏规则应简单、无限制性，充分体现幼儿的创造性和想象力。

三、中班幼儿体育游戏的特点及指导

中班幼儿的体力、智力等较小班幼儿具有明显的发展，空间知觉能力和自我控制能力有一定的提高，初步学会与搭档友好合作，集体意识有所增强。因此，中班幼儿的体育游戏宜选择内容和情节较复杂、活动量较大的游戏，如追逐性游戏。游戏的角色可有所增加，由幼儿自己进行角色的选择和扮演；适当选择合作性的游戏；游戏的规则需更系统化且带有一定的限制性。

四、大班幼儿体育游戏的特点及指导

由于大班幼儿的身体素质、理解能力等明显提高，合作意识和集体观念增强，因此大班幼儿体育游戏的设计除了要考虑丰富内容、增大活动量外，还要重点考虑竞赛性及体现体力与智力的结合。教师可增加游戏规则的复杂性，增加合作性游戏，让幼儿在体育游戏中始终处于主导地位。

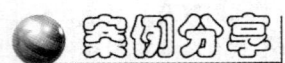

小班体育游戏设计：大家来做操

一、游戏目标

（1）学习儿歌及模仿操。
（2）培养幼儿听口令，手脚协调地做动作。
（3）培养小朋友的规则意识。

二、游戏准备

儿歌音乐。

三、游戏过程

1. 开始部分
幼儿排好队，站在院子里。预备姿势，自然站立。
2. 基本部分
（1）教师做一遍模仿操。
（2）幼儿跟教师一起做模仿操。
（3）在教师指导下，幼儿做模仿操。
3. 结束
教师组织幼儿收拾场地。

（资料来源：http://new.060s.com/article/2016/11/21/2255985.htm.）

中班体育游戏设计：小朋友收稻子

一、游戏目标

（1）探索手推小车快速前进的方法，体验游戏带来的快乐。

（2）培养小朋友的协作能力。
（3）知道劳动最光荣，愿意与同伴分享丰收的喜悦。

二、活动准备

（1）布置活动场地。
（2）小推车若干。

三、活动过程

1. 随音乐表演，激发幼儿兴趣

教师做"妈妈"，幼儿做"宝宝"。师："今天天气真好，宝宝们跟妈妈一起去劳动吧。"音乐响起，妈妈带领宝宝一起劳动：播种—插秧—施肥—浇水。

2. 幼儿自由探索，学开"收割机"

（1）秋天到了，田里的稻子都成熟了，农民伯伯是怎样收稻子的？
幼儿自由发表意见，教师总结归纳。
（2）出示"收割机"（手推车），这是什么？"收割机"是怎么开的呢？
幼儿自由探索开"收割机"的方法。（手推车只有一个轮子，一不小心就会向歪的地方驶去，所以推起来必须找到正确而又顺手的方法。）
（3）引导幼儿交流玩法，说说并示范自己是怎么开"收割机"的，鼓励幼儿相互学习。
（4）幼儿再次分散探索"收割机"快速前进的方法。

3. 结束

教师组织幼儿收拾场地。

（资料来源：http://new.060s.com/article/2016/11/22/2255997.htm.）

大班体育游戏设计：夹包跑

一、游戏目标

（1）教会幼儿夹包跳的动作，培养幼儿的弹跳力和动作的协调性。
（2）培养幼儿与同伴间的合作能力。
（3）发展幼儿的创造性。

二、游戏准备

沙袋。

三、游戏过程

1. 热身

（1）队列练习。队形变化可包括走圈、开花、六个小圆、切断分队等。

（2）准备操。可进行听口令做相反动作。例如，口令为"向前走"，幼儿则要向后走；口令为"向左走"，幼儿则要向右走等。

2. 夹包跑游戏

（1）幼儿依次取沙袋，在场地自由分散，进行一物多玩活动。例如，自抛接沙袋，互抛接沙袋，头顶沙袋，手托沙袋走，脚背托沙袋走，投运等。教师巡回观察指导，对玩法新颖有趣的及时给予肯定，并向其他幼儿推广。

（2）学习夹包跳。集合幼儿，让幼儿站成大圆圈。教师交代活动名称，进行示范讲解：两脚前部夹紧沙袋，跳起用力抛出。幼儿练习。教师巡回辅导，让动作完成好的幼儿做示范。鼓励幼儿间展开比赛，看谁的沙包投得远。

（3）集体夹包跳比赛。让幼儿站立于斜线上，教师交代比赛规则：听信号，从每队第一位幼儿开始，连续夹包跳行进至前方，拿起沙包快跑回来，交给下一位同伴，哪队先跳完为胜。

3. 结束

教师组织幼儿收拾场地。

一、练一练

1. 练习内容

以小组为单位，自主设计一个幼儿体育游戏，进行训练。

2. 练习步骤

（1）幼儿体育游戏的准备。

（2）幼儿体育游戏的组织与实施。

（3）幼儿体育游戏的结束。

（4）组间介绍、展示、互评游戏设计。

二、目标达成情况评价

表 4-6　单元四评价表

序号	学习目标	达成情况（在相应的选项后打"√"）		
		能	不能	不能是什么原因
1	理解体育游戏的含义			
2	理解体育游戏的分类			
3	理解体育游戏的结构及价值			
4	掌握幼儿体育游戏组织指导工作各个环节的主要内容			
5	能够做好幼儿体育游戏的准备工作			
6	能够结合幼儿的特点、兴趣，组织并实施各个年龄班级的体育游戏活动			

参考文献

［1］杨枫. 学前儿童游戏［M］. 2版. 北京：高等教育出版社，2012.

［2］姜晓燕. 学前儿童游戏教程［M］. 2版. 北京：教育科学出版社，2016.

［3］李小生. 学校体育教学中体育游戏的设计与合理运用［J］. 教学与管理，2013（21）：152－154.

单元五
幼儿智力游戏

学习目标

1. 知识目标
(1) 知道智力游戏的概念、特征与类型。
(2) 理解智力游戏的价值与作用。
(3) 掌握幼儿智力游戏的设计、组织与实施指导的要点。

2. 能力目标
(1) 能够为幼儿智力游戏的有效开展创设环境。
(2) 能够结合幼儿的发展水平和兴趣,设计实施针对不同年龄班级的智力游戏活动。
(3) 能够在智力游戏中正确观察、分析与评价幼儿的行为表现。

学时建议

6学时。

单元结构图

| 情境导入 | ·幼儿智力游戏片段 |

| 知识准备 | ·什么是智力与智力游戏?
·智力游戏包含哪些要素?
·智力游戏有什么特点?
·智力游戏有哪些种类? |

| 任务 | ·编选适宜的智力游戏
·智力游戏的组织与实施
·智力游戏的评价 |

| 案例分享 | ·益智区指导技巧心得分享 |

| 评估反馈 | ·练一练
·目标达成情况评价 |

单元五 幼儿智力游戏

情境导入

赖老师给小班的幼儿讲了一个精彩的绘本故事《谁咬了我的大饼》，故事内容如下：

小猪做了一块好大的饼，累得睡着了。
等它醒来一看：咦，是谁咬了我的大饼呢？
小猪问小鸟，"是你咬了我的大饼吗？"小鸟说："不是我，你看——"
小鸟在大饼上咬了一口。小猪说："恩，果然不一样。"
小猪问兔子："是你咬了我的大饼吗？"兔子说：不是我，你看——"
兔子在大饼上咬了一口。小猪说："恩，果然不一样。"
小猪问狐狸："是你咬了我的大饼吗？"狐狸说："不是我，你看——"
狐狸在大饼上咬了一口。小猪说："恩，果然不一样。"
小猪问鳄鱼："是你咬了我的大饼吗？"鳄鱼说："不是我，你看——"
鳄鱼在大饼上咬了一口。小猪说："恩，果然不一样。"
小猪问河马："是你咬了我的大饼吗？"
河马张大了嘴巴，轻轻地咬了一小口……
小猪的肚子饿得咕咕叫，啊呜，它也在大饼上咬了一口。"吧唧吧唧"，它一边嚼着大饼，一边想：究竟是谁咬了我的大饼呢？

赖老师讲完故事，说："小朋友们，小猪非常伤心，也非常疑惑，到底是谁偷吃了小猪的大饼呢？笨笨的小猪始终没想明白，那谁能够帮小猪找到凶手呢？"随后，赖老师根据故事的线索，设计一个"牙印找主人"的游戏，出示不同的动物以及被不同动物咬过的大饼的卡片（见图5-1），请幼儿看一看、找一找这些牙印都是哪些动物咬出来的。

图5-1 不同动物及它们咬过的大饼

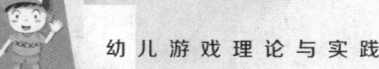

此游戏是教师依托绘本故事所设计的，具有一定的趣味性。请问，这是一种什么游戏？对于学前儿童的发展具有什么意义？你认为赖老师针对小班年龄段的幼儿设计此游戏合适吗？教师在此类游戏中应该提供哪些支持与帮助？

一、什么是智力与智力游戏？

对于智力概念的界定，基于其本身的复杂性和各个专家学者的研究立场和角度不同，目前在学术界尚未有一个确切的定义。众学者对于智力的研究主要集中在智力的定义、智力的结构以及智力的测量等方面。关于智力的定义，比较有代表性的观点是：智力是适应环境的能力，是学习的能力；智力是抽象思维能力和推理能力，是问题解决和决策能力。关于智力的构成，比较有代表性的理论有：斯皮尔曼的二因素说、瑟斯顿的群因素论、卡特尔的晶体智力和流体智力理论、加德纳的多元智能理论等。较有代表性的智力测验量表有：比内—西蒙量表、斯坦福—比内智力量表、韦克斯勒智力量表、格赛尔婴幼儿发展量表和贝利婴儿发展量表。

为了方便幼儿教师理解智力游戏并与其他游戏加以区分，本单元采用如下智力定义：智力是指一般智能，它主要包括观察力、注意力、记忆力、想象力以及思维能力等一般智力因素。

根据心理学家的研究，人类智力随年龄的增加而增长，只是不同的智力因素在不同阶段的发展速度不一样，如记忆力在儿童期发展最快，中年后期便出现下降的趋势。学前儿童在身体和心理发展方面均具有较强的可塑性，教育要为学前儿童提供适宜的刺激，创设个体与外部环境互动的条件，使其在操作的过程中开动脑筋、探索事物、积累经验，从而提高解决问题的能力。

《3—6岁儿童学习与发展指南》指出，幼儿的学习是以直接经验为基础，在游戏和日常生活中进行的，要珍视游戏和生活的独特价值。游戏作为幼儿学习与发展的重要方式已经获得了普遍认可。智力游戏是以生动有趣的形式，使幼儿在自愿和愉快的情绪中，增进知识、发展智力的游戏。理想的智力游戏应兼具教育性和娱乐性，从功能上来讲，即幼儿可通过此类游戏获得观察力、注意力、推理判断能力、解决问题能力等方面的提升和加强。

二、智力游戏包含哪些要素？

智力游戏通常是成人根据一定的智育发展任务而设计的有规则的游戏，它由游戏的目的、游戏的玩法、游戏的规则和游戏的结果四部分构成。

1. 游戏的目的

游戏的目的，即指根据幼儿的年龄特点和发展要求而设计的一定的训练目标。同一个训练目标可以通过设计不同的智力游戏来实现,如游戏目的是培养幼儿的观察力,在此目的的引领下可以设计多样化的智力游戏,诸如"找不同"、"找相似"、拼图类的游戏。

2. 游戏的玩法

游戏的玩法,即为实现游戏的目的而提出的操作要求,如"你演我猜"游戏的玩法为:幼儿两两分组,一名幼儿面对着展示动物形象的幻灯片,通过表演该动物的典型动作、模仿该动物的叫声或用语言描述该动物的特征等形式,让另一名幼儿负责猜测搭档表达的是哪一种动物,说出其名称,一定时间内哪组猜对的动物数量多,哪组就算胜出。

3. 游戏的规则

游戏的规则通常是对游戏参与人员该做什么或不该做什么所做出的约束或限制,一旦犯规,则游戏就不能顺利进行,可以惩罚或禁止其游戏,如在"你演我猜"游戏的规则是,负责表演的幼儿其语言表述中不可以出现含有该动物名称的字眼。幼儿在参与操作智力游戏时,建议由参与者共同商定游戏玩法和规则,一是体现幼儿在游戏中的主体地位;二是为幼儿提供与同伴交流沟通的机会,帮助幼儿去自我中心化,提高语言表达能力;三是在共同协商的情况下确定的游戏玩法和规则,必定是得到全部游戏参与者认可的,因此幼儿在游戏时也会更加自觉地遵守由自己参与制定的规则,可在一定程度上提高幼儿的社会化水平。

4. 游戏的结果

游戏的结果,即指游戏的目的和任务的完成程度,通过一次理想的智力游戏的开展,幼儿从中获得知识技能、过程方法、情感态度价值观等方面的发展,可以是丰富知识经验,习得新的观察方法,提高注意力;可以是增强自信心,密切同伴关系,形成不怕挫折、勇于战胜困难的品格;也可以是提高动手操作能力、语言表达能力及同伴交往技能等。

一个好的智力游戏应该从以上四个方面进行精细的构思,教师在设计、组织实施智力游戏时应做到心中有目标、眼中有幼儿,根据幼儿的年龄特点和已有经验设计出能够激发幼儿积极心理活动、目的明确、玩法新颖、规则简单的智力游戏。

三、智力游戏有什么特点?

作为幼儿游戏的一种,智力游戏具有所有幼儿游戏所包含的共性:以幼儿兴趣为导向,强调自主自发性以及注重游戏的过程。同时,智力游戏本身又凸显如下特点。

1. 趣味性

智力游戏首先是以游戏的形式存在,一种活动是否可以称得上是游戏,关键在于幼儿在玩游戏过程中是否体验到开心与喜悦。智力游戏在设计时要充分考虑趣味性,只有"好玩"才能引发幼儿积极主动参与游戏活动,进而投入精力到游戏中,不断思考,而不会觉得疲倦。如在拼图游戏中,幼儿通过观察、推理、尝试验证等思维过程,最后拼出完整的画面,这会给幼儿带来成功的喜悦,体验成功的快乐与满足,这种行为操作的后果则会进一步增强幼儿的自信心,激励幼儿接受更多元、更复杂的挑战。即便最后没

有拼成功，只要教师给予鼓励性的、客观的评价，也能在一定程度上达到促进幼儿高级情感发展的目的。

2. 益智性

充满益智元素、具有益智功能是智力游戏最明显也是最直接的特点。任何一种益智类游戏都有它明确的游戏任务，学前儿童想方设法完成游戏任务时必然要动用感官、记忆、推理、判断等能力，付出一定的智力努力才能完成游戏任务，获得正确的结果。皮亚杰认为，智力的本质是适应，个体心理的发展是主体和客体相互作用的结果。幼儿智力游戏的过程即是幼儿与外在客体相互作用的过程，在使用智力完成任务操作中不断地积累智力经验，提高观察力、推理判断能力以及问题解决能力。如"你说我猜"游戏中，教师提供一些常见水果的图片，幼儿两两一组，一个幼儿描述出现水果的特征，要求不能说出含有水果名称的字眼，另一个幼儿根据同伴的描述猜出水果名称即为胜利。在游戏中，幼儿用到观察、记忆、语言表达、推理判断等主要的智力操作，对其智力的发展起到锻炼和促进作用。

3. 规则性

根据游戏理论研究者对于游戏的常见分类，在教育教学实践中，游戏通常分为创造性游戏和规则性游戏两大类，智力游戏从属于规则性游戏，具有较强的规则性。在智力游戏中，规则性最强的当属棋类游戏，不同的棋类游戏规则不一、玩法各异，游戏参与者必须遵守规则，在规则限制的范围内进行操作，才不至于侵犯游戏合作者，保证游戏公平顺利地进行。合理设计幼儿智力游戏的规则，能够为幼儿提供更多思考的空间，也能够帮助幼儿建立规则意识，提高其社会性发展水平。

四、智力游戏有哪些种类？

基于不同智力游戏的任务要求，智力游戏可分为感官类智力游戏、发展注意力和记忆力的智力游戏、发展思维能力的智力游戏以及操作类智力游戏。

（一）感官类智力游戏

感觉器官是个体接受外界信息的渠道，它通过与中枢神经系统共同作用，使个体获得视觉、听觉、嗅觉、味觉、触觉等信息，早期感觉器官的刺激和训练能够帮助幼儿更有效地获得关于外部环境的认知，丰富感性经验。蒙台梭利认为，感觉是精神的入口，一切的认识先由感觉获得，对外界精神认识的基础就是感觉。收集各种事实加以区别比较，就是形成精神的第一步。

感官类智力游戏可分为视觉游戏、听觉游戏、触觉游戏以及嗅觉与味觉游戏。

1. 视觉游戏

当感觉器官接受外界刺激时，反应最灵敏的就是视觉，其他感觉次之。从视觉和听觉上获得的信息，印象最深刻。蒙台梭利在感官系统训练方案中把视觉训练放在感官训练的首要地位。

视觉游戏的目的是提高幼儿观察力的准确性和敏锐性。具体来讲，教师在设计视觉游戏时应从提高幼儿的视敏度、视觉区辨能力、颜色与空间视觉等视觉品质的水平出发，要注意提供类型多样、维度多元的操作材料，应考虑到材料在大小、颜色、形状、质地等方面的丰富性。

2. 听觉游戏

听觉会影响幼儿的语言发展、观察力与注意力的发展以及学习能力等，其发展程度可从听觉记忆、听觉定位以及听觉区辨三个方面来判断，也即在设计听觉游戏的训练目的时，可从这三方面考虑。

听觉记忆能力是指个体能够对一定的声音信息进行存储并适时提取。例如，智力游戏"传真不走样"的设计便考虑了对听觉记忆能力的锻炼。该游戏的玩法为：第一步，将全班幼儿分成两队或三队，每支队伍成员相隔一定距离排排坐；第二步，教师悄悄告诉每队第一个幼儿一句话（可根据年龄大小决定这句话的复杂程度），如"早上，我们去天河公园散步"；第三步，第一个幼儿跑到第二个幼儿面前，将这句话悄悄地传给他，随后坐在第二个幼儿的椅子上；第二个幼儿再跑到第三名幼儿那里传话，以此向后，一直传到最后一个幼儿，由最后那个幼儿将听到的话告诉教师；第四步，决胜负，哪支队伍的幼儿传话既快又准确，则该队伍胜出。

听觉定位，即幼儿能够根据听到的声音判断声音的具体位置或位置变化。例如，智力游戏"请跟我走"的设计便考虑了对听觉定位能力的锻炼。该游戏的玩法为：在地板上画上两条曲线象征河上的曲桥，将全班幼儿分成两队，教师指定其中一队的一个幼儿蒙上眼睛站在"桥头"，教师面对该幼儿站在队首，手持铃铛，摇铃发出声音，幼儿根据声音的方向改变行走的方向，踩线算掉入河中，即被淘汰，一个幼儿顺利过河或淘汰后，紧接着下一个幼儿重复前面的操作，以此类推，最后清算哪支队伍掉河的人数多，则该队伍失败。

听觉区辨，即幼儿能够分辨出不同声音的特征和听音辨物的能力。如智力游戏"听音瓶"的设计便考虑了对听觉区辨能力的锻炼。该游戏的玩法为：在不同的瓶子里分别装豆子、石子、水、沙子等不同的东西，要求瓶子不透明，让幼儿通过上下左右摇晃，根据发出的声音，判断瓶子里的东西是什么，哪个瓶子里装的东西多，哪个瓶子里装的东西少。类似的游戏还有"听声音猜猜我是谁""听叫声猜动物""什么乐器在歌唱"等。

3. 触觉游戏

触觉是个体接受外界刺激，获得外界物体大小、长短、软硬、冷热、粗糙或光滑等感知信息的重要途径，触觉感受器遍布全身。蒙台梭利教育理论与实践中，特别重视儿童的触觉训练，如触觉板教具。学前儿童的触觉游戏大致分四类：触摸辨物游戏、触摸分类游戏、触摸造型游戏和触摸动作游戏，均通过触摸不同的材料，感知材料特征，进而完成给定任务。

在触摸辨物游戏中，幼儿在"百宝箱"或"百宝袋"中只摸不看，完全凭借触摸感知到的物体信息完成任务，比如从装有长短不一木棒的袋子中摸出最长的一根，从装有不同材质球的盒子中摸出绒布球等，任务难度大小取决于被摸物品之间差异的大小。

触摸分类游戏是将幼儿触觉与思维进行联合训练的游戏，教师给定分类标准或者游

戏参与者自定分类标准，将物品按照一定的标准通过触摸进行分类，如将不同形状的积木混杂在一起放在一个袋子里，随后，可要求幼儿按照不同的形状将对应的木块摸出。

触摸造型游戏的重点是分辨各种造型的特征，发展幼儿的图形认知能力，可在一块木板上凿出不同形状的凹槽，然后蒙上幼儿的眼睛，幼儿通过触摸凹槽的边框，选择相对应形状的嵌板嵌入凹槽，可边做边说出凹槽的形状。

最后一类是触摸动作游戏，幼儿被蒙上眼睛后，通过触摸感知外物姿态或动作，并将此姿态或动作展示出来。

4．嗅觉与味觉游戏

嗅觉和味觉是幼儿获取有关事物气味和味道等信息、感知外界事物的又一途径，嗅觉与味觉功能的健全和完善可在一定程度上帮助幼儿适应环境、躲避危险。此类游戏的设计以提高嗅觉和味觉的灵敏度为目的。嗅觉与味觉游戏中使用的材料可以是食物，也可以是非食物；可以是固态物质、液态物质，也可以是气态物质。游戏的设计可以针对某一种感觉进行训练，如区分酒精、醋、果汁、水的嗅觉游戏，也可以针对两种感觉，如幼儿通过闻一闻、尝一尝的方法来辨别不同味道的冰激凌球。

（二）发展注意力和记忆力的智力游戏

注意和记忆在个体认知发展的构成要素中处于核心的位置，是一切认知过程的必备要素，为幼儿的观察、想象、表征、思维以及问题解决能力的发展奠定基础。

1．注意力游戏

注意是人的心理活动对一定事物的指向和集中，是各种心理活动的开端，也是各种心理活动共有的一种心理现象。注意是构成智力这种综合认知能力的一个重要因素，离开了注意，人们就无法进行诸如记忆、思维、想象等复杂的智力活动。注意的品质包括注意的广度、注意的稳定性、注意的分配和转移等，注意力训练的游戏设计应从发展幼儿注意的品质出发，扩大注意的范围，提高注意的稳定性，增强注意的分配和转移的能力。

2．记忆力游戏

记忆是人脑对经验过事物的识记、保持、再现或再认，它是进行思维、想象等高级心理活动的基础。记忆联结着人的心理活动，是个体基本的心理机能。记忆功能低下或丧失，将影响个体正常的学习、工作和生活。

教师可考虑以提高记忆的敏捷性、准确性和持久性为游戏目的，设计难度适宜、富有童趣的记忆游戏。例如，游戏"今天我穿了什么衣服"中，教师将全班幼儿分成男女两组，相互观察对方今天穿的衣服的特征，比如什么颜色、有没有扣子、谁穿了裙子等，观察持续5分钟，随后，男生组指派一个幼儿作为代表，将其蒙上眼睛，教师提问"今天我们班有哪些女孩子穿了裙子"，男生组代表作答，答对计1分，答错不扣分，两组轮流，得分高者胜出。

（三）发展思维能力的智力游戏

思维是人脑对客观事物概括的、间接的反映，它是建立在感知觉、注意、记忆等一般心理活动基础上的一种高级心理活动，是智力发展的核心部分，它包括分析与综合、比较与分类、抽象与概括等三个基本过程。幼儿的思维具有较强的具体形象性，需要依赖具体形象的支撑，抽象概括水平低、逻辑性差，但也正因如此，幼儿的思维具有较强的可塑性。加强幼儿思维的训练，培养幼儿对概念的理解能力，发展幼儿分类、比较、概括的能力，使幼儿形成一定的推理判断能力，对于幼儿整体认知能力的发展以及问题解决能力的发展具有重要意义。

锻炼幼儿思维能力的游戏可通过两种途径进行设计，一种是贯穿在集体活动中，也就是通常所说的教学游戏，另一种是益智区的游戏活动。例如，在"快乐动物园"集体教学活动结束之后，教师又对此活动进行延伸，出示不同的动物图片——老虎、狮子、斑马、小鸡、河马等，让幼儿挑选出一种与其他几种不同的动物出来，且要说明理由，只要幼儿言之有理，认知准确，教师都要对幼儿的回答给予充分的鼓励和肯定，以此激发幼儿爱思考、敢于表达的信心。在益智区中，教师可以为幼儿提供多种多样的智力游戏材料，幼儿可以自主选择自己感兴趣的材料并与之互动，如"贪吃蛇"游戏中，教师可投放适量且颜色丰富的串珠和绳子，用绳子穿2~4组红黄两色相间的珠子，也可以是2~4组一粒黄色珠子与两粒红色珠子的组合，珠子的颜色与数量可任意搭配，但幼儿需要根据这2~4组珠子已有的排列规律继续往下串，形成一定的序列。可通过增加珠子颜色的种类和规律的复杂性来提高该游戏的难度，以适应不同年龄段的幼儿。

（四）操作类智力游戏

操作通常是将人的思想转化成行为结果的过程。操作游戏是幼儿通过手的一系列动作，与玩具游戏材料"对话"，在思维的指挥下而产生"产品"的过程，可提高幼儿的手眼协调能力，以及手部动作的灵活性与协调性。我国著名教育家陶行知先生素来提倡手脑统一发展的重要性，为此创作了脍炙人口的《手脑相长歌》：人生两个宝，双手与大脑。用脑不用手，快要被打倒。用手不用脑，饭也吃不饱。手脑都会用，才算是开天辟地的大好佬。

较为常见的操作游戏诸如拼雪花片、搭积木、走迷宫等。单纯以操作为主的游戏是不存在的，通常操作类智力游戏会要求幼儿同时具有一定的注意力、观察力、记忆力或者推理判断等能力，这样幼儿才能顺利完成游戏。处在学龄前期的幼儿，普遍对外界充满了好奇心和探索欲，企图一探究竟，教师应作为幼儿学习的支持者和辅助者，提供充足的材料和心理支持，让幼儿与材料互动，积累丰富的操作经验。

幼儿游戏理论与实践

任务

任何一种智力游戏功能的发挥、智力训练目的的达成，都需要落到实践层面，通过设计难度适宜、内容有趣的智力游戏活动来实现。《幼儿园教师专业标准（试行）》对幼儿园教师的专业素质提出了基本要求，其中要求幼儿园教师具有游戏活动的支持与引导能力。这就为幼儿园教师必须具备智力游戏活动的设计、组织、实施、评价等能力提供了政策上的依据。

任务一　编选适宜的智力游戏

本着"儿童中心主义"的课程设计理念，幼儿园教师提供给幼儿的智力游戏活动或材料必须建立在读懂幼儿、读懂材料的基础之上，这样才能保证智力游戏符合幼儿的兴趣需要、年龄特征以及所处的文化背景特征，具有发展适宜性，达到让学习发生的目的。

一、解读幼儿

了解掌握不同年龄段幼儿的身心发展规律和智力发展目标是设计适宜的智力游戏的关键，不同年龄段幼儿的发展存在年龄上的整体差异，即便是同一年龄段的幼儿，也因其家庭背景、教养方式、社区教育等复杂因素的影响而存在个体差异。

在智力训练中，小班幼儿以感官训练、发展注意力与观察能力为主，重在提高注意力和观察力的品质；中班幼儿以发展记忆力和想象力为主，重在提高记忆力和想象力的水平；大班幼儿以发展思维与创造能力为主，进而提高思维的敏捷性和灵活性，掌握概念，获得较为综合的问题解决能力。教师应根据以上不同年龄阶段幼儿智力因素发展的目标，有所侧重地设计具有不同智力训练作用的游戏。

维果斯基的最近发展区理论认为，对幼儿的发展提出的要求应建立在其原有的经验水平之上，控制好新学习任务的难度，幼儿能够"跳一跳摘到果子"为最佳难度水平。难度太小的游戏任务不能激发幼儿参与探索的愿望，难度太大又会使幼儿产生挫败感，自我效能感降低。因此，对于不同发展水平的幼儿，智力游戏要有适宜的难度，又要循序渐进，不断提出新的发展目标。

二、解读材料

在整个幼儿期内，幼儿认知经验的建构很大程度上依赖于具体形象的支持，考虑到幼儿发展的个体差异性，直觉行动思维、具体形象思维、抽象逻辑思维这三种不同的思维发展水平都有可能存在。因此在选材时要充分考虑幼儿的思维发展水平和材料本身的特征，使材料能够充分发挥支持智力发展的作用。材料在幼儿智力的发展中起着重要的

媒介作用，幼儿在与材料的相互作用中建构认知经验，认知世界万物。幼儿前期通过材料积累的感知经验为其后期概念的获得、抽象思维的发展奠定基础。

材料本身的颜色、形状、质地、结构、种类和数量等属性，均会在一定程度上影响幼儿的智力操作。因此，幼儿教师在明确了相应的智力训练目标的同时，还应该考虑提供什么样的材料来实现目标。教师在投放智力游戏材料时，要从材料的适宜性、丰富性、动态性三个角度进行考虑。小班的材料相对于大班的材料来说要稍大一些，色彩更鲜艳，形象更生动逼真，更有趣味些，以激发幼儿的兴趣。中班幼儿的材料应有一定的趣味性和挑战性，一份材料多种玩法。对于大班幼儿，则可增加投放自然材料和低结构材料，丰富材料的种类和功能，提高智力游戏的挑战性和竞技性，也可引导幼儿创新材料玩法。

教师在为幼儿编选和设计游戏时，一定要根据训练的目的按类取用。同时，考虑到幼儿的生活经验、接受能力以及材料本身的特性，游戏既要符合幼儿智力发展的水平，照顾到幼儿智力发展的个体差异，又能够充分发挥材料的操作价值。

任务二　智力游戏的组织与实施

幼儿园智力游戏的组织与实施主要是通过幼儿园一日生活中的两类活动来实现的，一类是集体活动，另一类是益智区的活动。前者一般是由教师预先设计好、有明确目标指向、设计严密、层次清楚，并要求全体幼儿都参与的游戏活动，组织形式可个人、可小组、可全体。后者则更加注重幼儿在选择和操作智力游戏玩具和材料时的自由自主性，幼儿可根据自己的兴趣爱好决定自己玩什么、怎么玩、和谁玩。

一、集体活动中智力游戏的组织与实施

集体教学在一定时期内，仍然存在于我国绝大多数的幼儿园，在促进幼儿发展方面起着举足轻重的作用。随着"教学游戏化"的提出，传统的集体教学模式被打破，大量的游戏元素融入教学中，增加了集体教学活动的趣味性与吸引力，从而增强教育效果。这种思路下的智力游戏，可结合特定的教学或主题活动来设计和组织实施，教师的控制程度较大，幼儿需按较严格的教学要求行事。

智力游戏放在集体活动的不同时段，其发挥的作用也是不同的。若放在活动的导入部分，则起到引起幼儿活动兴趣、激发幼儿学习欲望的作用，如健康领域活动"认识五官"以猜谜语的方式进行导入："上边毛，下边毛，中间一颗黑葡萄"；若放在活动的展开部分，则起到体验学习过程、丰富知识经验的作用，如社会领域活动"我的好朋友"中，教师为了引起幼儿对同伴的关注而设计了智力游戏"独一无二"：教师提出任务，请幼儿相互观察，说出看到的某个小朋友的最独一无二的地方，比如，小明是最高的，小花头发是最长的等；若放在活动的结束部分，则起到巩固知识经验的作用，如语言领域活动"好饿好饿的毛毛虫"，教师在活动的结束部分，设计了排序游戏，将毛毛虫到蝴蝶的不同蜕变阶段做成图片，供幼儿排序，排得又快又正确者胜出。

在集体活动中开展智力游戏时，需注意以下几点。

1. 智力游戏的内容与活动主题契合

集体教学中的智力游戏主要是为了达成主题活动的目标而设计的，无论智力游戏是放在活动的开始、高潮还是结束部分，都需要与活动主题内容密切相关，保证学习内容的完整性。

2. 清晰地介绍游戏的玩法与规则

玩法与规则是智力游戏的基本构成要素，由教师主导组织的集体智力游戏具有计划周密的玩法和一定的规则限制。幼儿只有清楚地知道游戏的玩法和规则，才知道该如何做，因此，教师需用简明生动的语言向幼儿清晰地介绍游戏的目的、玩法与规则，必要时教师可做示范。如果是操作练习性的游戏，教师应事前教会幼儿一些有关的技能，难度较大和要求较高的游戏应做分步练习和分阶段练习。幼儿之间也可以相互模仿和学习。在游戏中教师要督促幼儿遵守游戏规则，要求他们按既定的玩法和步骤去认真完成任务，鼓励幼儿关心并努力争取成功的游戏结果。

3. 使用鼓励式的评价语言

集体的智力游戏活动为幼儿提供了一个更大范围的社交空间和对象，也为幼儿进行社会比较提供了条件。幼儿成就感和自信心的获得通常会来源于个体完成任务的后果，如果后果是所期待的，那么将会增强幼儿的自信心，如果后果是失败的，那么将会使幼儿产生挫败感。一般的智力游戏都有论输赢、快慢，尤其是到了大班，竞赛性的智力游戏增多，教师对于幼儿的游戏过程或游戏结果应尽可能用激励的、赞赏的、肯定的语言进行评价，鼓励幼儿努力，而非褒贬式的评价。

二、益智区中智力游戏的组织与实施

益智区的活动没有特别固定的形式，往往要根据投放的材料以及幼儿在区域中活动开展的情况来确定，其最基本的流程一般包括以下几点。

1. 了解玩具与材料的玩法和使用方法

益智区的操作材料类型较多，包括操作方法简单、操作过程有相似性的材料，如拼图、嵌板、接龙、迷宫、排序类材料等；有固定规则和玩法的材料，如棋类、扑克牌等；方法复杂、规则性较强的益智玩具、数学类游戏材料等；还有一些无固定规则、玩法比较开放的材料，如七巧板、魔尺、橡皮筋构图板等。因此，如果益智区没有投放新的材料，可以直接让幼儿自主选择材料开始活动；如果投放了新材料，教师就要根据材料的类型来确定推介方式，如直接投放、简单推介、讲解规则、示范玩法等。幼儿只有了解了新材料的玩法和规则，才能自如地进入益智区进行活动。

教师在这一环节除了做好材料的推介、规则玩法的讲解与提示外，还应该通过多种方式鼓励幼儿多尝试、敢挑战、多创新，激发幼儿参与活动的兴趣。

2. 选择材料开始活动

幼儿自主选择游戏材料的过程也是教师观察了解幼儿的一个好机会。比如，有的幼儿对益智区的活动非常熟悉，目标很明确，选择材料时迅速而果断；而对益智区的材料不太了解，也不熟悉操作方法的幼儿往往会感觉无从下手；有的幼儿喜欢尝试新材料，有的幼儿只喜欢自己熟悉的材料；有的幼儿在某一阶段会特别喜欢某类材料，如拼图、棋类等；有的幼儿总是一个人操作，不喜欢玩合作性游戏……对此，教师可以结合平时的观察，有针对性地予以引导。

3．收拾整理材料

益智区的材料整理有它的特殊性，有的需要摆放得整齐、有序，如各种数学类材料、棋类材料等；有些材料要打乱顺序摆放，为后面操作的幼儿做好准备，如拼图、接龙、配对、排序等类型的材料。教师首先应引导幼儿养成物归原位的好习惯，然后引导幼儿了解益智区各类材料的整理方法，正确且有条理地做好材料的收拾整理工作。

4．分享与交流

教师可以从幼儿对材料的兴趣、操作中的新发现新创意、对于规则的理解掌握、合作中的问题以及幼儿的习惯养成、能力提升等方面选择话题，有重点地引导幼儿分享与交流。

任务三 智力游戏的评价

对智力游戏进行质量评价即是对智力游戏的效用给予价值上的判断，这个效用对象首先指向幼儿发展。广义上来讲，对智力游戏的评价包括两个方面，一是对智力游戏实施的评价，如对教师指导游戏的行为、游戏计划的制订、游戏时间的安排等进行评价；二是对幼儿的智力游戏行为本身的评价，如评价幼儿在游戏中的情绪状况、兴趣偏好、社会性表现以及坚持性等。建议幼儿园一线教师更应掌握对幼儿智力游戏行为本身进行评价的能力，对幼儿智力游戏客观有效的评价应建立在对游戏充分、细致的观察基础之上。

对智力游戏的评价可以从游戏本身的条件、幼儿参与游戏的情况、游戏的效果等角度进行，具体评价要点如表 5-1 所示。

表 5-1 智力游戏的评价要点

一级指标	二级指标	表现	符合	不符合
智力游戏本身的条件	游戏难度	难易程度符合幼儿年龄阶段		
	游戏空间	有大小适宜的活动空间和场地支持		
	游戏材料	材料数量充足		
		材料种类齐全		
		材料与游戏的任务相匹配		
幼儿参与游戏的状况	对游戏的兴趣和主动性	对活动表现出明显的兴趣		
		专注投入地操作材料或与同伴游戏		
	对游戏的坚持性	能有始有终地进行活动		
		遇到困难，能反复尝试，不轻易放弃		
		尝试用多种方法解决问题		

续上表

一级指标	二级指标	表现	符合	不符合
幼儿参与游戏的状况	规则意识与能力	有规则意识，能按照规则操作和游戏		
		乐意参与游戏规则的制定		
	合作意识与能力	愿意与同伴合作		
		合作中能尊重别人的意见和感受		
		合作中出现问题能主动想办法解决		
游戏的效果	智力因素	提高观察和记忆的目的性、计划性		
		获得感官训练		
		学会分析、综合、比较、概括等的思维方法		
	非智力因素	具备探究的兴趣		
		培养坚持性等意志品质		
		规则意识增强		
		获得人际交往技巧		

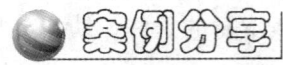

益智区指导技巧心得分享

【案例描述】

案例一：

自主进区时间到了，孩子们根据自己的喜好选择进了不同的游戏区，老师发现益智区一个人也没有。老师说："益智区谁愿意去玩啊？"没人回应，于是老师又提高了嗓门："今天谁愿意去玩迷宫、棋子和拼图啊？"这时，宋佳凯抬头看了老师一会儿，举手说："我去吧。"后来有几个幼儿也陆陆续续加进来。可是这些幼儿东摸摸、西瞅瞅，不断地变换玩具，有的幼儿把棋子堆高，有的幼儿将拼图的碎卡片到处乱扔，见此情况老师就给这几个孩子重新分配了游戏，要求他们有的玩配对游戏、有的玩分类、有的玩下棋游戏，在老师的半强制下，虽然游戏顺利开展起来了，可还是听见有些孩子说一点也不好玩。

案例二：

区角游戏时间开始了，黄涛去了益智区，可过了一会儿老师看到他低着头坐在旁边的椅子上，一幅无精打采的样子。走过去问："涛涛，你怎么不去跟小朋友一起下棋呢？""小朋友都不愿意跟我玩，他们说我不会玩"，老师听到这里，便急急忙忙地走向了正在下棋的幼儿那里，"你们为什么不跟涛涛玩呢，小朋友们要一起分享玩具"，其中一个幼儿说"老师，涛涛总是用小的吃大的"，"涛涛不会玩你们可以教他啊"，说完，这些小朋友不情愿地让涛涛加入了进来。

案例三：

小班林老师为了提高益智区对孩子的吸引力，这周投放了一些有趣的益智材料，有七巧板、拼图、动物分类等。幼儿一进区，就选择了新投放的拼图开始拼起来。刚开始一玩，幼儿就把有关联的图片一下拼了出来，但剩下的图片使个别幼儿皱起眉头来，左试试，右比比都不对，急得他们直抓头，拼了几下还是不成功，就放弃了。在动物分类的游戏中，老师要求幼儿将胎生动物和卵生动物进行归类，可是分类的结果却很不理想，有的幼儿把老鼠归到了卵生动物，有的幼儿将青蛙归到了胎生动物。

【问题分析】

以上三个案例反映了当前幼儿园教师在益智区材料投放和指导过程中普遍存在的问题：在案例一中，益智区对幼儿来讲，没有足够的吸引力，幼儿进区的动机较弱，或者幼儿根本不按照玩具材料的本来玩法去玩，教师为了发挥益智区的作用，强制要求幼儿进区或玩某些益智玩具，幼儿不喜欢、不感兴趣、不愿意玩；在案例二中，幼儿由于个人能力水平低或规则意识差而被同伴拒绝一起游戏，教师通过命令式的指导，被动地使得幼儿接纳同伴，导致游戏氛围低落，同伴关系紧张；案例三中，投放的材料超出幼儿的已有经验和现有发展水平，幼儿频频受挫，难以从中获得成功的体验和自信。

【对策建议】

幼儿园益智区相较于其他区角游戏来说目的性比较明确，功能性较强，对幼儿的专注力、分析判断等思维能力要求较高，它需要较安静的区角环境，难易适中的玩教具材料以及适宜的教师引导才能达到支持幼儿智力发展的目的。但在幼儿园教育实践中，往往因为材料投放不当、教师指导不当等原因而出现如案例中的一些问题，导致益智区教育功能丧失或减弱。当教师们在益智区指导中遇到以上问题时，建议从以下途径着手解决。

一、考虑材料的投放是否适宜

材料的数量和种类的丰富性是吸引幼儿兴趣和注意力的关键因素。一次有效的材料投放需要具备以下特征：第一，材料投放要具有层次性，要有针对不同能力发展水平幼儿的材料，如串珠材料，规则可以有 AABB 式的，有 ABCCBA 式的，能力强的幼儿可以挑选复杂的、有挑战性的材料去操作、摆弄，能力稍差的幼儿可以选择简单的材料进行操作，同一年龄班的幼儿投放材料时也需要考虑到个体的发展差异，通过改变规则或改

变材料的复杂程度来提高或者降低游戏的难度，保证不同水平的幼儿都能够从中获得乐趣。第二，新投放的材料不宜过多，新鲜材料过多容易分散幼儿的注意力，而将更多的精力过度浪费在挑选材料上，而忽视对某个材料的深入摸索与探究，否则，将会出现像案例一中的幼儿那样，都想玩但都玩不精。第三，材料投放要考虑到不同年龄段幼儿的已有经验，考虑幼儿能达到的最近发展区，对小班投放的材料相对于大班的材料要稍大一些，色彩要更鲜艳一些，形象更生动逼真，更有趣味性，最好是生活中幼儿熟悉的、常见的，比如在案例三中的分类游戏，哺乳动物和卵生动物对小班幼儿来讲比较抽象，而且提供的青蛙、老鼠等动物对幼儿来讲生活中并不常见，建议提供小班幼儿生活中常见、常用的食物或者物品来玩分类游戏，比如餐具和家具，再比如动物分类中可以按照会飞的、会爬的、会游的等进行分类，这对于小班幼儿来讲更加直观简洁。对于大班的幼儿，如拼图游戏，就可以提供更加有挑战性的拼图材料，画面可以更加复杂，甚至没有图形，只有简单的色块。

只有充分掌握不同年龄段幼儿的发展需求和已有经验，了解幼儿的兴趣爱好和主题课程的进展，教师才能有针对性地投放种类丰富、难度适宜、常换常新的材料来实现区角活动的教育价值。

二、教师的指导是否适宜

教师适时适度的指导在幼儿和材料之间起到了增值作用，使得幼儿的益智游戏活动更加具有计划性和目的性。但在实践指导过程中，教师指导往往存在不适当的行为，如过度指导、介入时机不合适、语言使用不合适等。

以上述案例为例，教师可以采用以下指导方式：第一，引导幼儿拓展游戏的玩法。在第一个案例中，教师强制地要求不同的幼儿去玩不同的游戏，这种做法是不可取的，违背了幼儿主动学习主动建构的教育思想，幼儿的主动学习动机弱，必然不会取得理想的学习效果，当教师发现幼儿对益智区游戏的操作兴趣减弱时，不妨引导幼儿变化游戏的玩法，比如在分类游戏中引入竞赛规则，比如在拼图游戏中，将美工区的作品自剪自裁成拼图碎片，自制拼图玩具供同伴挑战等。第二，教师以平行游戏者的身份加入游戏当中。在案例二中，当某个幼儿因为不遵守游戏规则而被同伴排斥时，教师此时可作为幼儿游戏伙伴的身份与幼儿一起玩游戏，教师的游戏行为在这个过程中对幼儿起到榜样示范的作用，同时又密切了师幼关系，涛涛的老师可以这么说："老师也想知道飞行棋是怎么下的，你可以教教我吗？我们一起来看一看游戏的说明书。"在玩的过程中，教师也可以故意犯规，帮助幼儿意识到规则在游戏中的重要作用，同时，也是让幼儿切实体验下游戏同伴不遵守规则时的感受，有时候教师的"示弱"恰恰是给幼儿探索和表现的机会。第三，语言提示和鼓励，但不需要直接给出答案，引导幼儿多尝试不同的方法。如在第三个案例中，当幼儿因为没有完成拼图而直接放弃的时候，教师要有适当的语言鼓励与提示，如"你试试看是否还有其他的办法""老师相信你是可以的！"等，通过这样的引导和鼓励，帮助幼儿提高克服困难的自信心。

（资料改编自：http://blog.sina.com.cn/s/blog_164297f5f0102wl4g.html。）

单元五 幼儿智力游戏

评估反馈

一、练一练

1．练习内容

5~7人一组，组内成员自主协商，围绕幼儿智力发展的任一目标，如发展感知力、发展观察力、发展记忆力、发展推理判断能力等，设计一项智力游戏，并进行游戏的组织与实施。

2．练习步骤

（1）撰写智力游戏活动方案（包括名称、目的、准备、玩法等）。
（2）利用废旧物品设计游戏所需要的玩教具。
（3）分组向全班展示游戏的组织与实施过程。
（4）对游戏的设计方案和实施情况进行自评和互评。

二、目标达成情况评价

表5-2 单元五评价表

序号	学习目标	达成情况（在相应的选项后打"√"）		
		能	不能	不能是什么原因
1	知道智力游戏的概念、特征与类型			
2	理解智力游戏的价值与作用			
3	掌握幼儿智力游戏的设计、组织与实施以及指导的要点			
4	能够为幼儿智力游戏的有效开展创设环境			
5	能够结合幼儿的发展水平和兴趣，设计实施针对不同年龄班级的智力游戏活动			
6	能够在智力游戏中正确观察、分析与评价幼儿的行为表现			

参考文献

[1] 刘金花. 儿童发展心理学 [M]. 上海：华东师范大学出版社，2001.

[2] 丁海东. 学前游戏论 [M]. 济南：山东人民出版社，2001.

[3] 张晖. 幼儿健康教育与活动指导 [M]. 南京：江苏教育出版社，2013.

[4] 丁海东. 幼儿园游戏与指导 [M]. 北京：高等教育出版社，2013.

[5] 董旭花，刘霞，赵福云，等. 幼儿园自主性学习区域活动指导：生活操作区·美工区·益智区·科学区 [M]. 北京：中国轻工业出版社，2014.

单元六　幼儿音乐游戏

单元六
幼儿音乐游戏

学习目标

1. 知识目标

（1）理解音乐游戏的含义。
（2）理解幼儿音乐游戏的分类。
（3）理解幼儿音乐游戏的结构和价值。
（4）掌握幼儿音乐游戏组织指导工作各个环节的主要内容。

2. 能力目标

（1）能够做好音乐游戏的准备工作。
（2）能够结合幼儿的特点和兴趣，组织并实施各个年龄班级的音乐游戏活动。
（3）能够在音乐游戏中正确观察、分析与评价幼儿的行为表现。

学时建议

4 学时。

单元结构图

情境导入	· 幼儿音乐游戏片段
知识准备	· 什么是音乐游戏？ · 音乐游戏有哪些种类？ · 音乐游戏包含哪些要素？ · 音乐游戏有什么作用？
任务	· 音乐游戏的准备 · 音乐游戏的组织与实施 · 音乐游戏的结束 · 不同年龄班音乐游戏指导的区别
案例分享	· 中班音乐游戏设计"老马和小马"
评估反馈	· 练一练 · 目标达成情况评价

幼儿游戏理论与实践

情境导入

幼儿园音乐活动室中，周老师准备带领中班幼儿一起玩"农夫和禾苗"的音乐游戏。周老师提前用土黄色垫子、塑料铲子、绿色塑料花以及浇水壶等，幼儿创设一个充满生机的禾苗之家，让幼儿从一开始就置身于音乐游戏所要表现的环境中。幼儿看到这样的场景非常兴奋，对即将开始的音乐游戏充满向往。周老师说："小朋友们，今天老师要和大家一起玩'农夫和禾苗'的音乐游戏，有一部分小朋友需要扮演农夫，有一部分小朋友扮演禾苗，让我们想一想农夫应该怎么做，禾苗应该怎么做？"有的幼儿说："农夫需要铲子来铲土。"有的幼儿说："禾苗长出来的时候很矮，扮演时要蹲着。"幼儿你一言，我一语，游戏充分激发幼儿的想象力和语言表达能力。

游戏开始了，幼儿立刻呈马蹄形坐好，周老师在前期铺垫的基础上，布置了音乐游戏中的观察任务，请幼儿用肢体动作告诉老师农夫是怎么做的，禾苗又是怎么做的。紧接着，周老师分别示范表演了一遍"农夫"和"禾苗"的音乐律动。幼儿看明白以后，按照分组有序地进行音乐游戏。随着游戏的进行，周老师不断增加难度：在表现"禾苗"的音乐片段中，将每四小节的踏脚摆手，改成自上而下地打开手臂；在表现"农夫"的音乐片段中，增加幼儿跳跃并两两间相互击掌的律动。但是每次到跳跃的时候，总有几个幼儿不合拍，不是跳早了就是跳晚了，以致影响了后面的互动击掌。有些幼儿开始抱怨起来，但周老师并没有停止游戏，而是在要做出跳跃动作的音乐来临之际，大声地说"农民伯伯们，要仔细地听噢！像我一样跳起来"，并做出夸张的表情。那些跟不上节奏的幼儿立刻感受到来自教师的关怀，于是都非常认真地倾听音乐，努力做到与大家协调一致。

知识准备

一、什么是音乐游戏？

音乐游戏是幼儿园音乐教学的一项内容，它在幼儿园音乐教学中占有独特的、重要的地位。《奥尔夫教学法的理论与实践》一书中认为，儿童音乐教学的起点不是音乐课，而应该始于游戏。正当的儿童音乐教育不是让孩子走向音乐，而是让音乐发自孩子的内心，允许孩子玩耍，把自己的内心无拘无束地表达出来。

音乐游戏是在音乐伴随下进行的一种有规则的，以培养学前儿童的音乐素质为主要目标的游戏活动，是学前儿童艺术启蒙的重要途径之一。作为一种特殊的律动体验，音

乐游戏的特点主要表现在将音乐贯穿在整个游戏活动中，以游戏的形式学习音乐。音乐游戏不仅能够帮助幼儿更具体、形象地感受和理解音乐，而且有高于幼儿的身心健康。有研究表明，音乐游戏具有很高的心智建构价值。

二、音乐游戏有哪些种类？

按照不同的分类标准，音乐游戏可以分为不同的类型。

1. 按照游戏的内容和主题分

幼儿音乐游戏可分为有主题音乐游戏和无主题音乐游戏两种类型。

（1）有主题音乐游戏。此类游戏通常包含完整的主题内容和情节，要求幼儿根据游戏的角色分配来进行模仿表演，并完成规定的音乐律动。例如，音乐游戏"小老鼠找朋友"设有"小老鼠的邀请""坐电梯""老鼠遇到猫"等几个比较简单的故事情节，要求幼儿边唱歌边根据情节创编小老鼠的动作。

（2）无主题音乐游戏。此类游戏通常没有具体的情节内容，幼儿不需要进行复杂的角色扮演，只要能够伴随音乐做出动作，符合音乐作品的节奏特征即可。无主题音乐游戏可以分为三种类型：一种是教师对整场游戏过程的音乐进行控制，幼儿则按照教师预先设定好的规则，根据音乐的内容变换，分别做出不同的动作回应。例如音乐游戏"抢凳子"，当音乐响起的时候，幼儿围着凳子有节奏地转圈，在音乐暂停的瞬间，幼儿需要迅速抢坐在任意一把凳子上，游戏依次循环进行，直到最后一位胜利者产生。在这类音乐游戏中，幼儿要学会用耳朵去聆听音乐的节奏，迅速捕捉音乐的暂停；第二类是完全依靠音乐旋律本身的变化实现游戏过程，主要训练幼儿对不同音乐类型的听觉切换，迅速做出身体上的变化。例如音乐游戏"走跑跳停"，整首音乐是由不同音乐色彩的小段连接而成，时而舒缓、时而跳跃，幼儿在律动中不仅要学会听音乐，掌握节奏，还要学会对肢体的协调控制和转换；第三类是音乐律动与教师指令的有效结合，幼儿不仅能听音乐做出合拍的动作，还能根据教师给出的指令指示性语言而变化，例如音乐热身游戏"有洞的音乐"，音乐是由多个相同旋律段落和多个休止部分构成，幼儿在旋律部分进行踏步、拍手或跳跃的律动，进行到休止符部分的时候，教师会提前半拍给出语言指令"变成一棵树""变成小茶壶""两个小朋友抱在一起"等，增加游戏的难度和趣味性，在音乐游戏中训练幼儿的快速反应能力。此外，幼儿间通过造型的变化有助于发展幼儿的想象力，而幼儿之间的身体碰撞不仅能够减缓压力，促进身体发育，还能培养团结协作的优良品质。

2. 按照游戏的形式分

幼儿音乐游戏分为歌舞游戏、表演游戏、节奏游戏和听辨游戏等类型。

（1）歌舞游戏。此类游戏建立在歌曲或歌唱的基础上，要求幼儿根据音乐作品的歌词大意、节奏、乐句结构等特点，做出符合作品节奏特征的舞蹈动作，适合集体表演，着重培养幼儿的节奏感。

歌舞游戏以幼儿生活经验为起点，侧重引导儿童的创造性表现，使幼儿能够对音乐作品的主题事物进行关联性想象，做出象征性的动作表演。如小班歌舞游戏"水草中的

鱼"，教师启发幼儿模仿江河中鱼类的游水姿势，激发幼儿跟着音乐旋律，做出自己想象中的小鱼游水动作。在简单的歌舞游戏中，教师着重在语言和动作上对孩子进行启发，而较为复杂的歌舞游戏则需要教师给予相应的知识补充，才能完成游戏活动，如大班歌舞游戏"天鹅"，很多幼儿在生活中并没有亲眼见过天鹅，这就需要教师为孩子收集有关天鹅的图片和视频资料，用模仿夸张的肢体语言，声色并茂地讲述"天鹅"游戏活动中使用的音乐内容，加深幼儿的生活积累，帮助幼儿在游戏中获得深刻的情感和认知。

在实际教学中，需要创设一定的情境和意境，直观示范和观察模仿都是必要的环节，这是引导和训练幼儿的基础。教师要善于引导幼儿细致入微地感受生活和积累经验，如小花摇摆的姿态、青蛙跳跃的瞬间、小动物的叫声等，让幼儿在活动中不断积累音乐语汇，能够慢慢地从初期模仿走向编创。

（2）表演游戏。此类游戏有故事情节和角色，有完整的开始、发展和结束部分，可以进行分组表演。表演游戏通常以绘本为蓝本进行改编，也可以由教师和幼儿集体创编，在内容上主要表现为幼儿熟悉的事情。

表演游戏以音乐为主，表演为辅，音乐结构方整对称，节奏明快，旋律优美，彰显出幼儿生动活泼的性格特征，具有较强的表演性。如音乐游戏"库、库、库乞乞"，游戏过程分为寻宝藏、找宝藏和返程归来三个部分，音乐表演包含集体一致性和个性化表现。在"寻宝藏"中有一段遇到大风雪的音乐，需要小朋友集体做出左右摇摆的冒雪赶路动作。而"找宝藏"中的"挥鞭"动作，幼儿则可以根据自己对作品的理解，进行创编式表演。

表演游戏作为一种戏剧艺术活动，是幼儿特别喜欢的一种游戏形式，也是幼儿园游戏的主要形式之一。

（3）节奏游戏。此类游戏强调幼儿通过音乐对听觉的刺激产生印象，感受稳定的节拍，通过击打乐器或身体各个部位，表达对音乐的理解。

音乐家舒曼曾说："节奏是音乐的生命，没有节奏也就没有音乐，音乐家之所以能在笔端流淌出一首首美妙的歌曲，就在于超越常人的节奏感。"因此培养幼儿的节奏感，是音乐教育活动中最重要的一项内容。节奏感培养要从稳定的节拍开始，幼儿阶段的孩子已经能够感受到稳定的节拍，并且能够依照稳定的节拍扭动自己的身体，"稳定的节拍意识"是幼儿建立未来动作协调性的基础，游戏过程中，教师可以引导孩子边读节奏，边拍手、踏脚或传递等动作，感受音乐的基本拍，然后逐步过渡到二拍子或三拍子律动，不必过分强调强弱规律，而是要学会用动作或声音的变化去表现韵律变化。如"二拍子"的强弱规律是"强—弱"，教师可以启发幼儿用拍手和拍腿进行强弱替代，让幼儿用身体动作掌握抽象的音乐概念。除此而外，打击乐器是非常适宜的教具，响板、木鱼、沙锤等乐器的音色能够深深吸引幼儿的好奇心。教师在游戏中引导幼儿将简单的徒手或者脚步动作，过渡到各种乐器的操作中，通过合奏的形式，锻炼幼儿的节奏感和合作能力。

近现代学前音乐教育中沉淀着许多优秀的节奏游戏。例如瑞士教育家达尔克罗兹的体态律动学说，他认为："体态律动、视唱练耳和即兴创作是构成音乐教育的重要分支，不过本质和核心还是'节奏运动'。"再如奥尔夫音乐游戏活动，特别强调从节奏入手，

同样强调从最简单、最原始的节奏和音高元素出发，通过拍手、击打身体各部位以及乐器打击，激发幼儿潜在的音乐本能。在奥尔夫音乐游戏理念中，"人"是天然的乐器，教师可以教会幼儿进行"三、五、七、九"的节奏训练，也可以进行互动式节奏传递、集体律动或分组律动等，使节奏练习更加具有音乐性和游戏性。

（4）听辨游戏。此类游戏包含听辨音阶、音高、旋律、音色等，侧重于培养幼儿对于音乐的分辨以及判断能力，而不是简单的角色扮演。

听辨游戏的类型很多，如音高听辨"猜猜东西在哪里"，要求幼儿能够在行进过程中分辨出音的高低。教师提前将幼儿喜欢的物品藏在教室的不同方位，让幼儿去寻找，教师用小钟琴的敲击进行提示，敲出高音表示幼儿正在接近目标，敲出低音表明幼儿正在远离目标。

音乐属于听觉艺术，听辨能力是各种音乐游戏的基础，通过特定的游戏活动训练幼儿的听辨能力，逐步提高幼儿对声音源的敏感度。在听辨游戏中，教师既要遵循不同阶段幼儿听辨能力的特点，又要选择可以兼顾教育性和趣味性的作品，培养幼儿"处处可闻"的听辨好习惯。

三、音乐游戏包含哪些要素？

音乐游戏和普通游戏一样，具有很高的心智建构的价值。音乐游戏的基本结构包括活动主题、活动准备、活动方式、活动规则等主要内容，这些主要内容互相联系，相互影响，以一定的内在逻辑存在，将音乐表现原理与孩子的思维认知特点有效地结合。

1. 活动主题

《幼儿园工作规程》中明确规定："幼儿园的教育活动是有目的、有计划引导幼儿主动活动的、多种形式的教育活动。"在幼儿园开展音乐游戏活动，首先要确立具体且切实可行的活动主题，因为活动主题在游戏活动中具有导向性作用。为了避免活动主题设计的盲目性和随意性，宏观上教师要始终把握落实"活动育人"的根本任务，提示幼儿多留心观察生活，能够多问几个"为什么"；其次要立足幼儿综合素质培养的需要，充分调动幼儿身体的协调发展，积极促进幼儿大脑的发育；最后要能够兼顾城乡教育资源的差异性，就地取材，因地制宜地创作出属于地方特色的活动形式。总之，教师要根据儿童的年龄特点和学习特点，设计出适应幼儿实际发展需要的音乐游戏活动，能够考虑到教育活动的连贯性和一致性。

2. 活动准备

音乐游戏的活动准备包括材料上的准备和幼儿自身的准备。材料上的准备包括游戏活动环节需要用的音响设备、音像资料的选择、场景道具、活动道具等。材料准备一方面要考虑材料操作中的安全性问题。对于可能产生危险后果予以摒弃，例如较尖的棍子、气球等。另一方面要考虑材料操作的便利性问题。幼儿的手比较小，在游戏活动中还要做动作，因此道具要轻巧和好操作。其次是儿童自身能力的准备，包括歌唱能力、语言表达能力、肢体动作表达能力以及团体合作能力等。这些能力的准备也不能忽视，在幼儿园的一日生活和常规中要加强训练，尤其是团体合作能力的培养非常重要，体现出幼

儿的社会性发展。

3. 活动形式

活动形式是指教师在音乐游戏活动过程中的组织活动方式，包括音乐游戏类型、游戏方式、角色人员的选择，以及如何聆听音乐、如何示范等。《幼儿园教育主导纲要》中指出，要灵活运用集体、小组、个别活动等形式展开教育活动。这三种形式各有其自身的特色，能够适应不同的教育内容和教学需要。总之，音乐游戏中，幼儿对游戏的参与度是活动形式选择是否恰当的决定性因素。

4. 活动规则

活动规则是保障音乐游戏活动顺利开展的保障。规则可以由教师制定，也可以由教师和幼儿共同商讨，合力制定。规则的制定要合理可行，能够充分考虑到不同面积的活动场地。有效的游戏规则，不仅能够激发幼儿参与活动的积极性，还能充分施展幼儿主体活动的自主性特点。游戏过程中，教师和幼儿可以根据音乐游戏中出现的问题，对游戏规则的个别条款进行修改，能够培养幼儿探索和自主的思考能力。能够得到幼儿认同的游戏规则，不仅能够促使音乐游戏活动目的实现，还能增加幼儿的活动参与度。

四、音乐游戏有什么作用？

1. 培养幼儿积极的情绪情感

黄人颂在其著名的《学前教育学》中提到儿童游戏有四个代表性特征，其中第四个特征就是"游戏伴随愉悦的情绪"。音乐游戏的内容形式灵活多样，幼儿在音乐游戏中能够感受和体验丰富的情绪情感，并能通过伴随音乐做动作表达自己独有的情绪情感。唱歌、运动和律动，无论是哪种组合形式，都带给幼儿愉悦的情绪。幼儿在进行音乐游戏时总是快乐的，积极的情绪不断感染着幼儿。幼儿需要在室内和室外的空间活动，舞蹈游戏、律动游戏等音乐游戏可为幼儿提供充足的活动机会。对于刚入园的小班幼儿来说，音乐游戏中欢快的音乐、同伴之间的肢体接触，不仅能够在一定程度上缓解幼儿的分离焦虑，而且能让幼儿学会更加合理地表达自己的情感和释放压力。

2. 促进幼儿身体控制能力发展

音乐游戏包含动听的旋律、活泼的节奏和丰富的情感内涵，不仅是有趣的，而且为幼儿提供了倾听、反应和模仿的机会，以及以富有创造性和独具特色的方式，运用自己的嗓音和肢体的机会。在音乐游戏中，幼儿的身体得到各方面的发展，如肌肉群的发展，以及跑、跳、平衡、蹲下、拉伸、爬行、击掌等动作的游戏化锻炼，故音乐游戏是幼儿探索和了解自己身体机能的另一种方式。如在音乐游戏"开火车"中，幼儿通过双臂画圈模拟司机开车的动作，不仅锻炼了大肌肉群，还培养了节奏感。幼儿在音乐游戏中感受稳定的节拍，并依照稳定的节拍扭动自己的身体，这为幼儿建立未来动作的协调性奠定基础，并逐步增强幼儿对身体的自控能力。

3. 培养幼儿的创造力

学前阶段是幼儿创作力发展的黄金时段，这个阶段的幼儿思维活跃、想象力丰富，是塑造大脑发育的最佳时期。创造力培养的核心是创新精神的培育，但是幼儿的创造力

单元六 幼儿音乐游戏

培养不是一蹴而就的,需要教师在日常生活的教学中对幼儿进行不断的启发和引导。音乐游戏是一种非常具有创造性的活动,游戏的过程就是幼儿想象力拓展的全过程,他们的想象力发挥的越充分、越丰富,表现力就会越强、越生动。音乐游戏还可以创造出一个能够激发儿童创造力的虚拟的世界,"一个盒子能够成为一架鼓,一根棍子能变成一个喇叭,一把扫帚可以成为一个舞伴",为了获得单纯的快乐,儿童还会创编新的歌曲或者给老歌赋予新的歌词。例如在音乐游戏"小鱼在哪里",教师原本设计是让小朋友坐在椅子上,合着音乐,用手部动作模拟小鱼游水的动作,但是很多小朋友一边唱歌,一边全身匍匐在地板上,通过摆动全身来模仿小鱼的游动。在这个音乐游戏中,幼儿根据自己的想象和创造力,编创出与教师不一样的动作,贴近生活实际,又特别充满创造性。我们不得不佩服孩子的想象力是多么丰富,他们的创造性思维充满神奇。

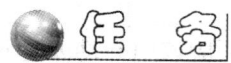

在幼儿园开展音乐游戏是一名幼儿园教师的日常工作任务之一。在开展一个具体的幼儿音乐游戏的过程中,教师需要做好音乐游戏的准备、音乐游戏的组织与实施、音乐游戏的结束三方面的工作。其中,在组织实施音乐游戏的过程中,还需根据不同年龄班幼儿身心发展的水平和特点,对不同班的音乐游戏进行有针对性的指导。

任务一 音乐游戏的准备

一、选择游戏的内容

音乐游戏内容的选择,应该注重选择适应幼儿身心发展规律的游戏,为幼儿提供演唱、律动、聆听及演奏等探索声音的机会。教师要注重幼儿个体的主导功能,充分发挥自身对游戏环境的支持和鼓励作用,创建一个有音乐刺激的环境。此外,教师还可以通过语言和视觉引导幼儿,鼓励幼儿独立操作音乐素材,在游戏中进一步思考和探索。

1. **注重发展适应性原则**

发展适应性原则注重以儿童为本,支持幼儿身体、情感、认知和社会性的全面发展,有助于帮助教师如何为幼儿选择和提供适应他们水平的音乐游戏活动,为幼儿快乐而可持续性发展指明了方向。例如央视儿童频道的《大风车》栏目中,就包含着很多有趣好玩的音乐游戏活动,其中很多游戏活动的展开是放在户外,因此深受广大幼儿的欢迎。

2. **注意因材施教的原则**

幼儿园开展音乐游戏活动时,游戏内容要充分考虑到幼儿的性别、年龄以及社会认知等的差异存在。幼儿在入园前,发育程度还是略有不同,因此在有些游戏活动中需要对幼儿区别指导,例如音乐游戏"小老鼠找朋友"中的小老鼠形象,有些幼儿可能非常

抵触在游戏中与小老鼠做朋友，因为在现实生活中，家长和教师都会教育孩子，老鼠是害虫的代名词，因此在活动中，教师可以把小老鼠换成迪士尼动画中的米老鼠，继而促进游戏环节的有效进行。

3. 贴近生活的原则

幼儿园的音乐游戏往往是通过教师、幼儿以及音乐素材间的积极互动来促进学习的，那么游戏活动中的一些环节与现实世界要有一定的衔接，能够与幼儿的日常生活息息相关，因此幼儿音乐游戏内容的选择，一定要尊重生活实际，尊重事物的发展规律，幼儿通过音乐游戏活动，不仅可以学习音乐知识，还可以掌握一些生活常识，例如"小猴子爬树"，以猴子角色的代入，感受音乐的同时还可以了解猴子的生活习性，可谓一举两得。

二、准备场地和道具

幼儿天性好奇，活泼好动，教师应该引导幼儿选择自己喜欢的音乐游戏道具。如奥尔夫乐器的选择，应尽可能轻巧，便于徒手操作，像木鱼、串铃、小钟琴都是非常好的选择。游戏场地的选择，要尽可能选择宽广一点的场地，如室内的舞蹈房、音乐欣赏室、多功能活动厅，室外的小操场等，以方便幼儿可以不受拘束地进行跑、跳或地面躺趴的动作。

任务二　音乐游戏的组织与实施

1. 音乐游戏的导入

音乐游戏的导入是教学过程中的关键环节，也是幼儿体验音乐和参与音乐活动的重要环节，适宜的音乐游戏导入能够激发幼儿的兴趣和好奇心，使幼儿迅速且主动地进入状态，起到事半功倍的效果。导入内容要建立在幼儿已知生活经验范畴之内，可以采用多种方式进行导入，如作品导入法、教具导入法、互动导入法、直接导入法等。

（1）作品导入法。作品导入一定要抓住幼儿好奇心的特点，因此内容可以是完整或片段的儿歌、谜语、绕口令、故事等。故事导入是幼儿最喜欢的一种方式，教师运用语言的魅力，先给幼儿创设一个游戏情境。例如音乐游戏"库、库、库乞乞"，教师在游戏开始给幼儿讲述寻宝故事，接着教师可以引导幼儿去思考："寻宝的路上，马车队会遇到什么样的惊心动魄呢？让我们一起去听听吧！大家千万别掉队啊！"孩子的好奇心很容易就被调动上来，有利于活动的顺利开展。其次，谜语和儿歌对幼儿的吸引力也比较大。例如音乐游戏"嘿！美丽的眼睛"中的谜语导入，教师先让小朋友猜一则谜语："上边毛，下边毛，中间坐着黑葡萄。在哪里？在哪里？眨一眨，在这里。"幼儿根据语言内涵的提示，很快可以猜出谜底是"眼睛"，教师顺势进入主题。

（2）教具导入法。教具导入需要给幼儿提供能够联系幼儿日常生活经验的图片、实物道具或各种标本等，引出活动主题。例如音乐游戏"什么乐器在唱歌"，教师给幼儿展示部分乐器的图片，介绍了乐器的名字和基本功能，总结并引出主题："小朋友们，这些乐器的形状和材质各不相同，它们的声音相同还是不相同呢？"幼儿的回答肯定呈现出多样化，这时教师可以因势利导："让我们一起试试，探究一下各种乐器音色的秘密吧！"激发幼儿主动探索学习的愿望。

（3）互动导入法。互动导入通过教师的有效提问，引发师生互动进入主题。例如音乐游戏"我爱我的小动物"，教师先有节奏地边拍手边提问："小花猫，小花猫，怎样叫？"幼儿回答："小花猫，小花猫，喵喵喵。"然后教师再继续依次提问活动主题中的其他小动物。通过问答的形式，幼儿很容易掌握简单的节奏型组合，增强节奏学习的自信心。奥尔夫音乐舞蹈游戏中的很多课前导入，也多采用互动导入的方式进行，尤其是以身体作为乐器的节奏互动比较常见。

（4）直接导入法。直接导入是教师采用简洁明白的语言直接阐明活动的主题，使幼儿快速明白活动目的、任务以及角色要求。例如音乐游戏"开火车"，教师采用直接导入法告诉幼儿："今天，我们要来玩一个开火车的游戏，四五个小朋友组成一列火车，站在最前面的小朋友就是火车头。火车有快车，也有慢车，快速的音乐响起，请扮演快车的小朋友跟着节奏在教室里绕圈跑，慢速音乐响起，请扮演慢车的小朋友跟着节奏在教室里绕走。"这样小朋友会在短时间内组合成不同的小火车，迅速进入主题。最后教师提醒幼儿，跑动的时候火车不能碰撞，不然容易出现"交通事故"。

2. 音乐游戏的讲解与示范

在进行音乐游戏前，为了更好地发展幼儿倾听理解能力，以及能够按照教师要求做相应动作，教师必须先向幼儿进行示范和讲解，确立游戏规则。示范就是教师根据游戏的内容，按照游戏的方法和要求等来进行演示。讲解则是向幼儿说明游戏的名称、应该遵循的原则和游戏方法等。

（1）直接教学法。教师直接边演示边讲解，幼儿在视听的基础上进行模仿、重复和回应。比如手指音乐游戏，教师发出指令，幼儿跟随指令，大多数幼儿都比较能够接受这种教学法。

（2）引导发现法。这种方法以幼儿为中心，主张幼儿自己去寻找和发现游戏规则。教师可以先示范动作，然后询问幼儿这是什么动作，表达了什么内容，激发幼儿的想象力。教师可以通过一直提问和鼓励探讨等方式给予引导，直到幼儿自己摸索出游戏规则。

（3）探索法。教师应给予幼儿足够的时间进行探索，鼓励幼儿在教师示范的基础上进行创造性发挥，对于幼儿的探索性发现给予肯定，而不是干预幼儿，要求他们与教师的示范完全一致。

3. 保证音乐游戏的安全

幼儿在游戏的过程中，很容易忘记要注意安全，因此教师必须加强安全提醒和采取必要的安全措施，尤其是幼儿进行集体律动的时候，要尽量避免幼儿之间因碰撞而产生冲突或肢体受伤。

任务三　音乐游戏的结束

游戏总结和评价是音乐游戏教育的一个重要组成部分。评价采用的形式和方法多种多样，在音乐游戏中，教师可以抓住音乐游戏的共同特点和特殊价值，并根据幼儿的发展需要进行有针对性的评价。

要注意的是，无论采用哪一种评价方式，都不是为了对幼儿进行等级分类，而是为了帮助幼儿，使他们能够在原有基础上得到进一步的提升。评价的关键在于，幼儿是否通过音乐游戏达到既定的游戏目标，是否充分发挥幼儿的活动主体性。

任务四　不同年龄班音乐游戏指导的区别

由于小、中、大班各年龄阶段幼儿的身心发展水平不同，音乐游戏的具体内容表现和特点也各有不同，因而教师在不同年龄班音乐游戏的指导重点也有所不同。

一、各个年龄班音乐游戏的区别

以下为各年龄班音乐游戏的目标，如表6-1所示。

表6-1　各个年龄班音乐游戏目标

对比维度	小班	中班	大班
律动	1. 可以跟着音乐的节拍进行上、下肢的简单动作模仿 2. 可以做出简单的舞步（如小碎步、小跑步）	1. 可以跟着音乐的节奏、节拍做一些肢体动作的小组合（如垫步拍手等） 2. 了解律动中一些简单的组合规律（如对称性） 3. 对身体的控制能力加强，避免与他人相撞	1. 能够比较准确地按照作品要求，做出比较复杂的基本动作（如跑马步、秧歌十字步） 2. 进一步了解韵律动作组合的规律，真正具有协调性的舞蹈律动开始出现 3. 能够控制运动的力量，伴随音乐节拍律动的能力增强 4. 能够在集体舞蹈中，较好地调整自己的活动空间

续上表

对比维度	小班	中班	大班
歌唱	1. 学习正确唱简单儿歌 2. 知道歌曲名称和内容 3. 适合音域范围在C调1~5之间	1. 比较有表情地演唱儿歌，注意速度和力度的变化 2. 能够听懂音乐的前奏、伴奏和间奏 3. 能够较好地掌握2/4拍和4/4拍 4. 适合音域范围在C调1~6之间	1. 可以有表情地领唱、独唱和参与合唱 2. 能够运用不同的速度和力度有表情地演唱出作品的情感和风格特征 3. 会听伴奏，并且能够努力控制自己的声音与伴奏协调统一 4. 适合音乐范围在C大调1~8之间
听觉能力	1. 听音乐能感受作品情绪 2. 听音乐能区分部分音高变化 3. 喜欢听生活中产生的各种声音 4. 可以用绘画和动作等描述音乐	1. 听作品可以理解音乐 2. 对不同情绪的音乐作品能够产生联想 3. 能够辨析声音的快慢、高低，可以通过声势表现出来 4. 可以用动作、绘画、舞蹈等描述音乐 5. 可以对简单的音符进行音高模唱	1. 能够准确地听出一些作品风格的不同（如摇篮曲、进行曲等） 2. 能够感知中、高、低音区的声音 3. 能分辨出自然界和生活中的各种声音 4. 能够进行节奏的即兴创造和击打
乐器演奏	1. 能够了解铃、小鼓、铃鼓等常用乐器的名称和演奏方法 2. 能够用打击乐为简单节拍的作品伴奏 3. 知道乐器的发放规则以及保管	1. 能够了解沙锤、串铃、三角铁的乐器名称和演奏方法，开始学习探索乐器的发声原理 2. 学会演奏一定数量的节奏乐 3. 能够初步感知不同乐器音色的区别，学会控制音色	1. 能够掌握小钟琴、木琴、钢片琴等打击乐器的名称和使用方法 2. 掌握一定的节奏语汇，学会探索同种乐器的不同演奏方法 3. 能够演奏一定数量的节奏乐，可以分小组或者集体演奏同一首打击乐

二、小班音乐游戏的特点及指导

小班幼儿的自我控制能力不足，注意力不够集中，但比较爱模仿，对音乐常常会做出一种特定的反应，很容易跟着合适的音乐节奏进行摇摆或踏步，或者伴随着音乐进行拍手和移动步伐，脸上呈现出高兴和愉快的表情。

小班音乐游戏应该优先考虑律动活动，让幼儿充分探索自己的身体。教师可以帮助幼儿培养聆听的习惯，使幼儿能够基于原有的生活经验，将聆听的声音带入一定的情境中。如音乐游戏"听动物的声音"中，教师可提醒幼儿动物的叫声和动作，引导幼儿完成游戏。这一阶段的游戏规则是简单的，要充分鼓励幼儿发挥想象力。

三、中班音乐游戏的特点及指导

中班幼儿能够认识乐句，听懂简单的旋律，识别音乐的速度，喜欢简单而富有想象力的音乐表演。与小班幼儿相比，中班幼儿的协调性更好，腿部力量逐步增强，喜欢飞奔、跳跃等动作。

中班幼儿音乐游戏应该给予幼儿更加足够的空间和时间，以供幼儿自由探索。教师可以选择和设计合适的音乐游戏，如改编歌曲或编写简单的音乐故事；可以为幼儿提供一些简单的道具，比如纱巾、乐器，以供幼儿在音乐活动中使用；此外还要多为幼儿提供能够随时舞蹈的机会，比如走、跑、跳，或者原地的摇摆、手腕花动作等，鼓励幼儿按自己的想法随音乐律动舞蹈。

四、大班音乐游戏的特点及指导

大班幼儿对于活动中产生的赞美和责备会比较敏感，仍然喜欢跳跃性音乐活动，动作的协调性在不断增强，小组合作游戏和集体游戏的观念逐步增强，可以更好地根据音乐节奏同步做出身体的反应。

教师在指导大班幼儿进行音乐游戏时，应允许他们尝试新行为，允许出错，保证幼儿学习的歌曲和律动是简单有趣的，鼓励所有的幼儿都参与活动，特别是害羞和性格内向的幼儿。

案例分享

中班音乐游戏设计 "老马和小马"

一、游戏目标

（1）培养幼儿聆听能力，能够对不同音乐片段的转换做出肢体语言变化。
（2）培养幼儿能够随着音乐节奏进行前进和跑跳的移动训练。
（3）培养幼儿与同伴间互相合作的能力。
（4）发展幼儿在音乐游戏中即兴编创律动的能力。

二、游戏准备

音响、呼啦圈若干。

三、游戏过程

1. 开始部分

（1）故事导入。教师给幼儿讲述一个关于"老马和小马"的故事，请幼儿思考：一匹瘦弱的老马，它会怎么走路？一匹活泼的小马，它又会怎么走路？然后让幼儿用身体动作告诉教师。

（2）听音乐。教师播一小段音乐游戏中的音乐，请幼儿倾听并思考：什么时候老马出现了，什么时候小马出现了？

2. 基本部分

（1）拿道具。教师请幼儿依次演唱"do、re、do、re"，唱"do"的幼儿去拿呼啦圈，然后和自己旁边唱"re"的幼儿一组，两个人共用一个呼啦圈。小组内协调谁来充当小马，谁来充当老马，然后再互换。

（2）教学示范。教师集合幼儿，请副班教师或选一名协调性较好的幼儿来配合教学示范。当慢板音乐出现的时候，呼啦圈套在演老马者身上，演小马者在后面跟着，随着音乐，两人有节奏地移动步伐。当快板音乐出现的时候，两人迅速朝相反方向转动身体，同时转换套圈的位置到演小马者身上，步伐由之前的平稳移动转变为快速的小马跳动作。然后依次交替下去。

（3）集体游戏。每组幼儿可以在活动室自由选择游戏的地方，音响播放后，每组幼儿根据自己的角色分配和不同音乐片段的音响特点，做出身体律动的变化和道具方向的改变，尤其是道具方向的改变恰巧在乐句之间的衔接部，因此幼儿要学会认真聆听音乐。活动过程中，教师要不断提醒幼儿，激发幼儿的想象力，比如"老马现在更加累了，它的头现在垂到什么地方了？""我看见有匹小马跑得特别欢快，前蹄都甩起来啦！"这样在原有教学的基础上，幼儿能够创造出各种各样的小马和老马的音乐活动。

3. 结束部分

活动在愉快而又激动的环境中结束后，教师要和幼儿一起进入放松环节，让幼儿逐渐地从兴奋转向平静。带领全体幼儿收拾活动材料，养成材料用完要归位的好习惯，在游戏活动中进行良好生活习惯的培养。

反思：唱歌、节奏、聆听都是儿童音乐游戏不可或缺的组成部分。在确定教学任务之后，幼儿在音乐环境中会表现出细心地聆听，纯粹的乐趣和享受，共同参与，不用担心个别性出错，因此情绪会非常放松，容易激发创造力。对于幼儿来说，包含合作精神的音乐游戏活动是被强烈推荐的，能够达到培养幼儿与同伴间的相互合作能力。

一、练一练

1. 练习内容

以集体为单位,或者2~3人为一组,自主设计幼儿音乐游戏进行练习。

2. 练习步骤

(1) 幼儿音乐游戏的准备。
(2) 幼儿音乐游戏的组织与实施。
(3) 幼儿音乐游戏的结束。
(4) 组间介绍、展示、互评游戏设计。

二、目标达成情况评价

表6-2 单元六评价表

序号	学习目标	达成情况（在相应的选项后打"√"）		
		能	不能	不能是什么原因
1	理解音乐游戏的含义			
2	理解音乐游戏的分类			
3	理解音乐游戏的结构和价值			
4	掌握幼儿音乐游戏组织指导工作各个环节的主要内容			
5	能够做好幼儿音乐游戏的准备工作			
6	能够结合幼儿的特点和兴趣,组织并实施各个年龄班级的音乐游戏活动			

参考文献

[1] 哈泽尔巴赫. 奥尔夫教学法的理论与实践:第1卷 经典文选[M]. 刘沛,译. 北京:中央音乐学院出版社,2014.

[2] 陈泽铭. 幼儿园音乐有效教学六讲[M]. 上海:华东师范大学出版社,2012.

[3] 爱德华兹. 音乐与律动:创造儿童的另一种生活方式:第7版[M]. 冯婉桢,

译. 北京：机械工业出版社，2015.

［4］卫卡特. 动作教学：幼儿核心的动作经验［M］. 林翠湄，译. 南京：南京师范大学出版社，2006.

［5］杨枫. 学前儿童游戏（第二版）［M］. 北京：高等教育出版社，2014：200.

［6］陈泽民. 幼儿园音乐有效教学六讲［M］. 上海：华东师范大学出版社，2012：2.

幼儿游戏理论与实践

单元七
以游戏为基本活动的课程模式整合

学习目标

1. 知识目标
（1）理解游戏的含义和特点。
（2）理解游戏与课程之间的关系。
（3）理解以游戏为基本活动进行课程整合的两种途径。

2. 能力目标
（1）能够按照不同分类标准对儿童游戏进行分类。
（2）能够利用游戏手段开展教学活动。
（3）能够利用游戏手段开展生活活动。
（4）能够利用游戏手段促进一日活动之间的转换。

学时建议

6学时。

单元结构图

情境导入	·幼儿园早期阅读活动片段
知识准备	·什么是游戏？ ·游戏有什么特点？ ·游戏有哪些种类？ ·游戏与课程的互动
任务	·非游戏活动游戏化 ·游戏课程化
案例分享	·游戏在教学环节的运用案例 ·游戏在生活环节的运用案例
评估反馈	·练一练 ·目标达成情况评价

单元七　以游戏为基本活动的课程模式整合

　　小班语言活动开始了，王老师对幼儿说："今天我们班来了一位神秘的客人，大家猜猜是谁？"小兔子、小猴子、小熊……幼儿七嘴八舌地猜了几种小动物的名称，没有什么特别兴奋的表现。王老师这时把藏在身后的毛绒兔子拿出来挥了挥，对全班幼儿说："原来是小兔子，我们和小兔子打声招呼吧！"幼儿大声说："小兔子早上好！"王老师继续说："小兔子给小朋友们带来了一本好看的书，你们想和小兔子一起看吗？"

　　接下来王老师带领幼儿开展阅读活动，"小兔子"则一直被晾在一边。活动中王老师偶尔会提到"小兔子喜欢跟认真听故事的小朋友玩"，"小兔子最喜欢阳阳了，因为他坐得很端正"。

　　故事讲完之后，王老师说："现在小朋友可以自己看书，也可以讲故事给小兔子听哦！"可是幼儿却都只在自己的位置上阅读，没有一个幼儿去给"小兔子"讲故事。

　　幼儿园中经常会看到类似的案例。在上述案例中，教师认为自己在教学活动中增加了一个游戏化的情节——让幼儿与小兔子一起看书，一起玩，一起学。值得思考的是，从实际教学效果来看，本次教学目标和教学内容与小兔子相关吗？教学活动组织的各个环节与小兔子是什么关系？教师认为自己引入小兔子这一角色增加了游戏的趣味性，但是否达到游戏的效果？

　　回答这些疑问，需要我们深入探讨的是：什么是真正的游戏？游戏与课程如何互动？

一、什么是游戏？

　　游戏是一种古老的社会文化现象，可以说自从有了人类就有了游戏。从生物演化的角度来看，游戏的历史甚至比人类的历史更加漫长。因为不仅人类游戏，高等动物也游戏，游戏是在生物进化过程中出现的现象。然而究竟什么是游戏？人类为什么游戏？19世纪末，人类学家、民俗学家、哲学家、心理学家等开始了对于游戏的学术探讨。人类学研究认为，人类的游戏起源于原始的戏剧、祭祀活动以及社会生产劳动等活动；民俗学的研究认为，儿童的游戏是早期先民风俗习惯的残留；心理学的研究则认为，儿童的游戏是人类进化史的嬉戏性的复演。这些研究从不同的侧面揭示了人类游戏起源的复杂性，同时研究的不断积累也使我们对游戏的本质、原因、发生发展等形成了系统化的游

戏理论。

在这些系统化的游戏研究中,心理学家侧重于对自然发生的游戏现象进行阐释,进行比较纯粹的理论研究;教育学家则从一开始就看到了游戏的重要性和教育作用,侧重于游戏作为教育手段的研究和实践探索。按照出现时间的早晚以及研究者的理论依据、研究视角的不同,我们可以把游戏理论大致分为经典的游戏理论、精神分析的游戏理论、认知发展的游戏理论、社会文化历史学派的游戏理论、后皮亚杰理论等。

1. 经典的游戏理论

19世纪下半叶到20世纪30年代左右,出现了最早的一批游戏理论形态,被称为"经典的游戏理论"。它在人类的思想史上,第一次严肃地思考并试图解释游戏产生的原因,即儿童为什么游戏。限于各研究者所持的观点以及当时心理学的发展水平,这些游戏理论都主要是思辨的产物,缺乏可靠的实验依据。有的理论只是说明游戏的一个方面,各理论之间甚至互相矛盾,但它们都或多或少解释并说明了游戏这种人们司空见惯但又感到困惑的现象,尽管存在许多缺点,仍然对后人的研究产生着巨大的影响,推动着儿童游戏研究的进展。

(1) 剩余精力说。

剩余精力说的代表人物是德国思想家席勒(Friedrich von Schiller)和英国社会学家、心理学家斯宾塞(H. Spencer)。席勒在研究美学时,发现愉悦是美学活动和游戏共有的特征。愉悦的产生源于过剩精力的消耗,它的表现形式就是游戏。斯宾塞发展了席勒的观点,他认为神经中心在使用一段时间后就疲劳,需要休息,休息一段时间后,精力就不稳定,超过对各种侧击的反应,因而产生剩余精力,游戏就是剩余精力的发泄。

可见,剩余精力说的主要观点是,生物体都有维护自己生存的能力,生物体进化得越高级,这种能力就越强。儿童和高等动物除了一般生活、维持生存之外,还有剩余精力,这些剩余精力必须找到出路消耗、发散出去,于是就产生了游戏,因此游戏就是儿童和高等动物对剩余精力的一种无目的的消耗。

(2) 松弛说。

松弛说的代表人物是德国学者拉察鲁斯(Moritz Lazarus)和帕特里克(Patrick)。拉察鲁斯指出,艰苦的劳动使人的精力消耗,这种疲劳需要一定数量的休息和睡眠才能恢复。然而想要得到完全的恢复必须使基于现实的工作紧张感得到释放,游戏活动就具有这种功能。帕特里克也认为,当代职业比传统体力劳动负有更大的精神压力,只有通过游戏才能解除由精神紧张的工作所引起的疲劳。

松弛说的观点与剩余精力说截然不同,认为人类在脑力和体力劳动中都会感到疲劳,为了消除疲劳,恢复精力,就产生了游戏。因此,游戏不是剩余精力的发泄,而是为了精力的恢复。

(3) 生活预备说。

生活预备说也称为前练习说,代表人物是德国生物学家格鲁斯(Karl Gross)。格鲁斯根据当时生物学的研究成果,明确地提出了"游戏期"的概念。生物学研究发现,游戏是高等动物"不成熟期"所特有的行为。一些低等动物的本能行为生来就是成熟的,它们没有"不成熟期",因此这些低等动物不游戏。高等动物在出生时,本能行为不成熟,如果没有父母的帮助与照顾,就不能独立解决生存问题,必须经过一段时期的练习,与种族生存有关的本能行为才会发育完善起来。这一段时期,就是动物的"不成熟期",游戏是"不成熟期"特有的现象。而且,动物游戏的数量与复杂性随动物演化阶梯的上升而提高。动物进化的程度越高,就越是更多依赖于学习而不是依赖于与生俱来的本能,动物的游戏期也就越长。另外格鲁斯发现,小动物的游戏活动是对未来严肃地生活活动的模仿。

在此基础上,生活预备说认为,游戏是对未来生活的一种无意识的准备。儿童有天生的本能,但本能不能适应将来复杂的生活,要有一个准备生活的阶段,在天赋本能的基础上进行练习,锻炼自己为生存竞争所必需的能力,游戏是准备生活阶段儿童练习本能的一种手段。所以游戏就是学习或练习,是对未来生活的准备。正如小猫捕捉线团是对捕鼠活动的模仿、练习一样,小女孩玩布娃娃是练习做妈妈,小男孩玩打仗是练习作战准备。

(4)复演说。

复演说的代表人物是美国心理学家霍尔(G. S. Hall)。如果说在格鲁斯眼里,儿童的游戏是对未来成年人生活的"预期",那么在霍尔看来,儿童的游戏就是对人类祖先生活的"回忆"。霍尔以生物学中获得性遗传学说的假设——"上一代所获得的技能可以遗传给下一代"为依据,认为胎儿在胎内的发展重演了动物进化中"从原生物进化到人"的过程,儿童期的发展则重演了人类进化中"从猿到人"的过程。

因此,复演说认为,游戏是人类生物遗传的结果,儿童游戏是重现祖先生物进化的过程,重现祖先进化过程中产生的动作和活动。如儿童喜欢玩水玩沙,喜欢在地上爬来爬去,喜欢爬树打仗等,就是反映了人类从原先的海洋生物逐渐演变为原始的爬行动物、较高级的动物猿猴,直至演变成为现在的人类所拥有的不同阶段的动作和活动内容。游戏的发展阶段正是以不同的形式重现祖先的进化历史。

2. 精神分析的游戏理论

在现代西方心理学流派中,精神分析学派是最重视游戏问题的一个派别。精神分析学派认为,一切生物生存的基础都是一些与生俱来的原始的冲动和欲望,这种冲动和欲望在动物界可以以赤裸裸的形式表现出来,如可以随意争抢,甚至可以随意发生性行为。但是在人类社会,由于受到社会道德规范的约束,不允许这些潜意识里的原始的欲望和冲动随意地直接表现出来,而是受到压抑。当这种压抑一旦形成,它就会不自觉地寻找出路,如梦、幻想、口误等都是潜意识的泄露。儿童天生也有种种内在的需要和欲望需要得到满足、表现和发泄,但由于儿童所生活的客观环境不能听任儿童为所欲为,以满足他们的内在需要,从而内心产生压抑或抑郁,容易导致儿童的自私、爱捣乱、发脾气、怪癖等各种不良行为。由于游戏远离了现实,是一个完全受控于自己的天地,所以儿童需要在游戏中发泄情感,减少忧虑,发展自我力量,以应付现实环境,补偿现实生活中不能满足的欲望和需要,从而得到身心的愉快和发展。

(1)弗洛伊德关于游戏的思想。

精神分析学派关于游戏的理论源自弗洛伊德(S. Freud)的思想。弗洛伊德认为,人格由"本我""自我""超我"三个部分构成:本我是一切与生俱来的原始本能冲动,像

一锅沸腾的开水，受"惟乐原则"的支配，盲足追求满足；超我与本我相对立，代表着人的理性，使人离开了动物界，反映了人们所生活的社会的道德要求和行为标准，受"理想原则"支配；本我和超我的矛盾对立，使得这两个极端之间需要一个平衡机制，就形成了"自我"。自我是在现实的反复教训之下，从本我中分离出来的一部分，是现实化了的本能。自我不再受惟乐原则的支配盲目地追求满足，而是在"现实原则"的指导下，既要获得满足，又要避免痛苦。

在弗洛伊德看来，自我调节本我和超我之间的矛盾，在某种程度上是在游戏中获得的。在个体发展的过程中，儿童期的行为受本我支配，年龄越小越明显，随着经验的积累，自我和超我才一起得到发展。儿童盲目追求本能欲望的满足，然而成人却总是以社会准则去要求和控制他，因此他们在现实中常常受到挫败。由于游戏是与现实分离的，这可以使儿童避免现实的约束，使得自我在游戏这一安全的氛围里，自由地调节本我和超我之间的冲突。

另外，弗洛伊德认为，游戏可以满足儿童现实中不能实现的愿望。儿童有些冲动是现实中不被允许的，这些冲动需要发泄，而游戏为其提供了安全的环境。如儿童期占统治地位的普遍的愿望是快快长大成人，做成人能做的事情，然而这种愿望在现实中是不能实现的。我们经常看到儿童在游戏中模仿成人的活动，"过家家""送快递""警察抓小偷"等正是这种愿望的反映。

（2）埃里克森关于游戏的理论。

弗洛伊德之后的精神分析学派理论家在其基础上，进一步丰富、扩展了弗洛伊德的观点，其中埃里克森（E. H. Erikson）的掌握理论很有代表性。他认为游戏可以降低焦虑、补偿性地满足儿童的愿望、在儿童的人格发展中具有积极的作用，进一步突出了游戏在自我发展中的作用。

在弗洛伊德的眼中，人格的发展受本我惟乐原则的调节和支配，自我是本我和超我的奴仆，缺乏自己的目标和目的，是消极被动的；埃里克森则认为，自我是处于发展中的人格，要获得理想的发展，必须成功地协调和整合来自内部的本能要求和来自外部的社会要求，因此人格构成中，自我是关键的、积极主动地因素。而游戏则可以帮助自我对生物性因素和社会性因素进行协调和整合，因为游戏创造了一种典型的情景，从中重现过去，表现和更新现在，预期未来。

埃里克森把人格发展划分为八个阶段，每个阶段都有自己特定的发展任务，见表7-1。这种发展任务表现为两极性的矛盾，或者说表现为正、负两种发展方向：如果任务解决得好，就形成理想的人格；如果任务解决得不好，则形成与理想人格相反的另一种人格。在童年期的几个阶段，儿童主要通过游戏来解决这些矛盾，并控制矛盾所导致的伤害，即游戏可以调节人格发展的阶段冲突，并掌握冲突中的情感危机。

表 7-1　弗洛伊德和埃里克森的人格发展阶段表

年龄	弗洛伊德的阶段	埃里克森的发展任务
0～1.5 岁	口唇期	信任—不信任
1.5～3 岁	肛门期	自主性—羞怯、疑虑
3～6 岁	阴茎期	主动性—内疚
6～11 岁	潜伏期	勤奋—自卑
青春期	生殖器期	同一性—角色混乱
青年期	—	亲密—孤独
成年期	—	繁殖—停滞
老年期	—	自我整合—失望

埃里克森的研究还发现，儿童游戏存在明显的性别差异。在游戏材料的使用方面，男孩子喜欢用积木建构笔直向上的建筑物，如楼房、塔等；女孩子往往不用或很少用积木，只是用家具等来布置室内情景。在游戏的内容上，女孩子的游戏内容反映的是有关家庭生活内部的情况，如烧水、做饭、带孩子等；男孩子的游戏内容则主要表现为户外活动、建造、军旅等。埃里克森认为，游戏材料的差异来自于生物性因素的影响，游戏内容的差异来自于社会文化因素的影响，反映了社会文化对不同性别孩子的不同要求和期待。

3. 认知发展的游戏理论

认知发展心理学派的代表人物是瑞士著名心理学家皮亚杰（Jean Piaget），他创立的发生认识论自 20 世纪 60 年代以来在全世界产生了广泛的影响。皮亚杰试图在儿童认知发展的总框架中来思考儿童的游戏，他认为许多游戏理论之所以不能正确解释游戏这种儿童早期所特有的现象，原因在于他们都把游戏看作是一种孤立的活动。在皮亚杰看来，游戏本身并不是一种特殊形式的活动，它只是智力活动的一个方面。因此他的游戏理论，与他的认知发展理论有着密切的联系，可以说就是他认知发展理论的组成部分。

皮亚杰认为，游戏是认知活动的一个方面，其特征是"同化"超过了"顺应"。同化和顺应原本是生物学上的概念，是机体与环境相互作用的两种方式：同化是把环境因素纳入到有机体原有的结构中去，意味着接纳和整合，如食物通过消化吸收变成有机体的一部分；顺应是有机体在环境因素的作用下使自身发生种种变化，意味着适应和顺应，如神经细胞受到刺激而发生变化。儿童早期由于认知结构发展的不成熟，往往不能够保持同化与顺应之间的协调或平衡。这种不平衡有两种情况：顺应大于同化，即外部影响超过自身能力，表现为主体对外界提供的人或物动作的重复，这是模仿的特征；同化大于顺应，即主体不考虑外界事物的客观特征，只是为了自我的需要和愿望去活动，这是游戏的特征。

其次，皮亚杰认为游戏的功能在于满足自我的情感需要。游戏的功能可以在游戏的

动机中找到说明。皮亚杰认为，儿童需要游戏，尤其是象征性游戏，是因为儿童难以适应周围的现实世界，他们不得不经常使自己适应一个不断从外部影响他的、由年长者的兴趣和习惯组成的社会世界，一个对他自己来说理解得很肤浅的物质世界。通过这些适应，儿童不能像成人那样有效地满足其个人情感上、甚至智慧上的需要，为了达到必要的情感和智慧上的平衡，为了满足自己的需要，儿童就需要游戏。在游戏中既没有强制也没有处分，儿童在现实生活中许多得不到满足的愿望，可以在游戏中得到实现。

4. 社会文化历史学派的游戏理论

社会文化历史学派是苏联的心理学派，也称为维列鲁学派，主要代表有维果斯基、列昂节夫、鲁宾斯坦、艾里康宁等。该学派强调在成人的教育与引导下、掌握以语言符号系统为载体的社会文化历史经验在儿童心理发展中的重要作用，并将此观点运用于儿童游戏的研究中。社会文化历史学派的游戏理论又被称为是活动游戏理论或游戏的活动论，其游戏理论主要包括以下基本观点。

首先，游戏是学前儿童的主导活动。活动在儿童心理发展中起主导作用，它有助于促进儿童的心理机能不断地由低级向高级发展。个体不同的发展阶段，主导活动的形式不同，游戏特别是有主题的角色游戏就是学前儿童的主导活动。

其次，强调游戏的社会性本质。社会文化历史学派反对西方的游戏生物学理论，否定游戏本能论，认为儿童游戏与动物游戏有着极大的区别。从个体发展的角度来看，儿童不是生来就会游戏的，即游戏的产生不是先天的，而是在后天实践中形成的。

最后，强调成人的教育影响。社会文化历史学派看重成人的教育影响，强调儿童与成人的交往在游戏的发生、发展过程中的决定性作用。他们认为，为了使儿童掌握游戏的方法，成年人的干预是必要的，必须在一定的年龄阶段教儿童学习怎样做游戏。没有教育的作用，游戏就不会产生，或者就会停滞不前。

5. 后皮亚杰理论

在皮亚杰的理论之后，产生了游戏的觉醒理论、元交际理论。它们体现了不断发展的心理学及相关学科在游戏研究中的延伸和影响。

游戏的觉醒理论也称为内驱力理论，主要试图解释游戏的生理机制。其中"觉醒"（arousal）是其核心概念，是中枢神经系统的机能状态，它与外部的环境刺激和机体内部的平衡机制有关。当外界刺激作用于感觉器官时，感觉器官对当前刺激进行感知分析：如果刺激是新异性刺激，主体会产生不确定性，进而导致觉醒水平增高，机体感到紧张，就会采取一定的行为方式来降低觉醒水平，达到最佳水平以使机体感到舒适。此时机体产生的行为是探究，主要回答"这个东西有什么用"的问题；如果刺激过于单调贫乏，机体就会厌烦疲劳，进而主动寻求刺激，增加兴奋性，使觉醒水平由低回复到最佳状态。此时机体产生的行为是游戏，主要回答"我能用它来干什么"的问题。

觉醒理论对于我们的教育实践带来了一定的启发。一般情况下，人们总是强调环境刺激的丰富性。但研究证明，刺激缺乏固然对儿童发展不利，但是刺激也不是越多越好。因为刺激过多过强，会使机体的唤醒水平增高，如果唤醒水平超出最佳范围，会使个体防御性成分增加，抑制个体的游戏行为，让人感到紧张不安，厌恶退缩。环境与人交互作用的原理，启发我们重视幼儿园环境的科学创设、合理组织，应当从整体上考虑游戏

材料的数量、新异性等因素。

"元交际"是指处于交际过程中的交际双方,对对方真正的交际意图或所传递信息"意义"的辨识与理解。最早把游戏与元交际联系在一起的是人类学家贝特森（Bateson）,他发现游戏中的许多动作,如果是发生在实际的生活中,将会引起非常严重的后果。但由于其发生在游戏中,所以就不被当回事。进而提出,所有的动物,当它们游戏的时候,都会发出某种适应性的信号以使伙伴知道所发生的动作的目的是什么,是"真的"还是"假装的"。

元交际理论认为,儿童游戏时往往通过动作、表情传递着一种隐含的信息——"这是游戏"。例如当一个孩子笑嘻嘻地将水洒向另一个孩子时,他脸上的表情已经向对方发出了"这是在玩,不是真的"的信号。如果对方很快理解了这一信息,两人便有可能玩起打水仗的游戏来;如果对方没有理解或者不能理解这一信息,那么误会就产生了。因此,元交际是一种意义含蓄的交际,表现为不用言传,只是意会的形式。而元交际能否顺利进行下去,依赖于交际双方对于隐含含义的敏感性,这种理解隐含含义的敏感性,又取决于交际双方熟悉了解的程度和知识背景的相当程度。

综上可见,各个学派的游戏理论研究中,研究者都从自己不同的立场和角度,分别论述了游戏的性质和游戏的功能。然而当游戏出现在个体身上的时候,我们应该如何定义它？由于游戏现象的复杂性,以及研究者的多样化,使得我们对于游戏的概念难以找到一个大家一致认同的定义。荷兰学者胡伊青加认为,游戏是一种在固定时间和地点内进行的自愿活动或消遣,遵循自由但绝对应该遵守规则；游戏本身具有一定的目标,同时伴随着紧张、喜悦的感觉和"不同于平常生活"的意识。

二、游戏有什么特点？

我国的学前教育工作者们,结合学前儿童游戏的理论研究和实践经验,认为游戏活动具有以下几方面的特点。

1. 游戏是儿童主动、自愿的活动

主动、自愿与动机产生的机制相关。动机是推动人活动的心理力量,是人活动的生发点。从动机产生的来源看,可以分为内部动机和外部动机两类。内部动机来自于活动主体自身的需要,而外部动机则相反,是由环境诱惑和他人的要求直接引起的。游戏是一种主动、自愿的行为,即游戏的动机是内部动机,是游戏者内在的一种需要。

2. 游戏是在假想的情景中反映周围生活

游戏具有社会性。游戏的内容、种类与玩法,受社会历史的、地理的、习俗的、文化的、道德的影响。因此,儿童的游戏是对周围现实生活的反映。

但是儿童在游戏中反映的不是周围生活的翻版,他们不是机械模仿,而是通过想象,将日常生活中的表象形成新的形象,用新的动作方式去重演别人的活动。游戏给儿童提供了充分发挥创造性的空间。在游戏中,儿童不受实际环境的具体条件以及时间的限制,通过想象,创造新的情景,如把地板当作大湖,把椅子当作汽车。儿童还会根据游戏的需要,改变物品的用途,如把冰棒当作注射器。儿童在游戏中,以真诚的情感体验游戏

幼儿游戏理论与实践

中的活动，相信虚构的真实性。同时，他们也懂得什么是假装的。儿童的游戏在某种程度上与戏剧反映现实生活相近似，具有类似成人艺术的创造性。

3. 游戏不要求有社会的实用价值，没有强制性的社会义务，不直接创造财富

人的工作或劳动都有明确的目的，要求生产有社会实用价值的财富，并且按照客观实际，严格遵守操作方式。而游戏恰恰相反，游戏不要求有社会的实用价值，游戏不在乎外部目的而在乎本身的过程。游戏没有完成任务的强烈需要，不受外部的控制。当然，成人在设计、指导游戏时，也可以给游戏外加一定目的，如通过在游戏中扮演医生，培养儿童关心别人并发展儿童的想象力，但并不需要儿童在游戏中明确这个目的，追求完成这一目的。儿童的兴趣仍在于游戏的过程，游戏之外的任何结果都不重要。

4. 游戏伴随着愉悦的情绪

游戏符合儿童身心发展的需要，因而使儿童感到满足和愉快。在游戏中，儿童能控制所处的环境，表现自己的能力和实现愿望，从成功和创造中获得快乐。儿童在游戏中能进行充分运动，而小脑是运动控制中心，司管身体平衡，调节肌肉运动，小脑又与情绪控制中心相联系，所以在儿童活动的同时，带来了愉快的情绪。再者，游戏中也没有强制的目标，因而减轻为达到目标而产生的紧张感，耗费精力小，也使儿童感到轻松、愉快。因此，游戏的过程总是伴随着愉悦的情绪。

三、游戏有哪些种类？

学前儿童的游戏是丰富多彩、客观存在的，游戏的分类是人为的。由于人们的研究角度不同、参照标准不同、对游戏本质的理解不同，就有了多种多样的游戏分类方法。一般而言，心理学家主要关注儿童自然的游戏，侧重于按照儿童心理活动的发展来分类，例如按照认知的发展、按照社会性的发展来分类；教育学家则在关注儿童自然游戏的同时，又关注成人为儿童编制的游戏，侧重于从游戏作为一种教育手段来分类，例如按照教育的不同作用来划分。在诸多的游戏分类中，典型的主要有下面几种。

1. 以认知为主线的分类

认知发展是儿童发展的一个重要维度。立足于儿童认知发展的角度，以儿童认知的不同发展阶段及其各阶段认知特征在游戏中的不同表现，对游戏类型进行的划分即是游戏的认知分类。皮亚杰是按照游戏认知发展对游戏进行分类的首创者。依据这种方法，学前儿童的游戏可以分为感觉运动游戏、象征性游戏、结构游戏、规则游戏四种。

感觉运动游戏也称为练习性游戏，是在儿童发展的过程中最早出现的游戏形式，主要由简单的重复动作或运动所组成，其基本功能是对新习得的但还不够巩固的动作进行练习。例如儿童反复拍击盆子里的水，或者绕着房间四周跑，或对悬挂着的玩具表现出兴趣，一会儿拉拉一会丢开，体验着感觉运动过程中的快感，反复练习新获得的运动技能。虽然这种游戏是人的一生中最早出现的一种游戏，但是它可能伴随我们一生。因为只要在生活中有学习新技能的需要，就有可能出现这种游戏。例如不管多大年龄的人学习骑自行车，可能都会经历一个"练习性游戏"的阶段。

象征性游戏的主要特点是"好像"和"假装"。在这种游戏中，儿童把一种东西当作另一种东西来使用,即"以物代物",例如拿着积木当手机;把自己假装成另一个人,即"以人代人",例如抱着布娃娃自己做妈妈。在象征性游戏中,儿童可以脱离当前对实物的知觉,以表象替代实物作思维的支柱,进行想象,并会运用语言符号进行思维。象征性游戏也使儿童能够在虚拟的情境中满足在现实生活中不能实现的愿望和要求,因此,它具有了解儿童内心状态的诊断和治疗上的意义。

结构游戏是儿童利用各种不同的结构材料(如积木、积塑、泥、沙、雪等)来建构物体的游戏。如搭积木、插积塑、泥工、纸工、堆雪人、玩水玩沙等。

规则游戏是两个以上孩子在一起,按照一定的规则进行的、往往具有一定竞争性的游戏。如下棋、打牌、拔河等。规则游戏是以规则为中心摆脱了具体情节,用规则来组织游戏。

2. 以社会性发展为主线的分类

美国学者帕登通过研究儿童游戏的社会性发展,按照儿童在游戏中社会行为的不同表现以及参与游戏的儿童之间的相互关系,将儿童的游戏行为划分为无所用心的行为、袖手旁观的行为、单独游戏、平行游戏、联合游戏、合作游戏六种。

无所用心的行为是指儿童无所事事,独自发呆,不参加游戏。主要花费时间于自发行为和无休止的随机活动,如注视碰巧引起兴趣的事,玩弄身体,在椅子上爬上爬下,东游西荡,偶尔看着他人,这些都不是游戏。

袖手旁观的行为是儿童在近处观察同伴的活动,听他们谈话或向游戏的参加者提出问题和建议,甚至明确地观察某几组儿童,耳闻目睹所发生的一切,但没有主动加入游戏。

单独游戏中,儿童专心、独立地操作玩具,很少注意或关心他们的游戏,而且使用的玩具与其他儿童的不同。

平行游戏中,儿童会互相模仿,操作相同或相近的玩具,开展类似的活动,互相交往的行为时有发生。儿童互相在旁边玩,彼此和谐相处,他们主要仍是在独自游戏,在活动中没有明确的合作行为。

联合游戏中,儿童和伙伴一起做游戏,谈论共同的活动,但没有围绕具体目标进行组织,也没有建立起集体的共同目标。虽然同处于一个集体之内,且时常发生许多借还玩具的行为,但每个儿童仍然以自己的兴趣和愿望为中心。

合作游戏中,儿童以集体共同的目标为中心,有达到目标的方法,活动有严格的组织,小组里有分工,常有比较明显的游戏组织者和领导者。

在这六种行为中,真正属于游戏的行为一般是后面的四种,因此后来许多研究者在按照社会性发展对游戏进行分类时,只将其分为单独游戏、平行游戏、联合游戏、合作游戏四种。

3. 以游戏的关键特性为标准的分类

依据游戏的关键特性的不同,可将游戏分为创造性游戏和有规则游戏两类。

创造性游戏是指儿童根据自己的意愿,创造性地反映现实生活的游戏,是儿童期典型的、特有的游戏活动方式。在这类游戏中,儿童自由地确定主题和情节,选择使用不同的玩具和材料,发挥更大的创造性。在幼儿园,常见的创造性游戏有角色游戏、建构游戏和表演游戏等。

有规则游戏是指儿童按照一定规则进行的游戏。规则一般是由成人事先制定的，也可以是故事情节要求的，还可以是儿童自己规定的。主要包括智力游戏、体育游戏、音乐游戏等。

4. 以游戏与教育教学的关系为维度的分类

根据实践中游戏的组织和开展与教育教学任务或目的的结合程度，可将游戏分为本体性游戏和工具性游戏两大类。

本体性游戏是指儿童自发地表现出的一种活动，其目的隐含于游戏活动本身，或者说游戏本身即是目的，也称为目的性游戏。这种游戏强调游戏本身的内在价值，注重游戏活动本身，是儿童可以主动支配自己的行为、自由参加的活动，并真实自然地反映着儿童发展的水平和兴趣爱好。角色游戏、建构游戏、表演游戏、自由游戏等均属于此类。

工具性游戏是指作为教育教学活动的手段或工具的游戏，也称为手段性游戏、教学游戏。其直接目的不在于游戏本身，而在于通过有利于儿童发展的游戏形式促使教育教学活动的有效进行、教育教学任务的顺利完成。这种游戏强调的是游戏外在的工具价值，如智力游戏、体育游戏、音乐游戏等均属于此类。

四、游戏与课程的互动

1. 课程形成的方法

幼儿园课程有"预成性"和"生成性"两种不同的形成和建构模式。预成性的课程模式在知识本位的课程观支配下，认为课程是一套由成人为儿童精心选择和组织的、有待于儿童去"占有"或"掌握"的客观知识体系，教学的科目、教材、教学计划、教案就是课程的载体。因此它强调教学的计划性和目的性，要求教师对即将展开的教学过程的每一环节精心设计好，形成教案。教学过程就是预先建构好的课程或教案实施、展现的过程。长期以来，我国学前教育领域普遍采用的是课程设计的预成性模式。在这种课程模式中，由于教学内容是教师按照教学大纲的要求预先确定的，对于幼儿来说，可能会出现过于困难或过于简单的问题，也可能出现不适合孩子学习兴趣发展需要的问题。因此怎样使教师的教学要求适合幼儿已有的发展水平和兴趣需要，使这两者之间保持合适的距离，是教学过程需要解决的基本问题，也是该种课程面临的挑战。

生成性课程模式是指教师在与儿童的互动过程中敏感地觉察到儿童的学习兴趣与需要，并根据这种学习兴趣与需要，引导支持儿童展开相应的学习活动，帮助儿童建构有关的学习经验。这种自然生成的课程来自于幼儿的学习兴趣与需要，能够较好地解决预成性课程模式中"寻找合适距离"的问题。然而其难题在于这种课程模式的实施对教师的各种能力水平要求较高，如需要教师对幼儿的身心发展水平、学习兴趣需要等非常了解，也需要教师有较高的教育机智。

2. 游戏与课程的互动

（1）游戏生成课程。

幼儿园课程的自然生成，需要教师事先对幼儿的身心发展水平、学习兴趣与需求等

特点有充分的了解。而游戏是幼儿真实自然的学习活动,也是教师了解幼儿以上特点的较好途径。因此,教师可根据幼儿在游戏活动中的表现,调整和修改课程,使课程自然生成于幼儿的游戏活动中。

> **探究**
>
> **假如地板变成海洋**
>
> 教师发现孩子们的游戏越来越老套,而且具有大量的重复性。为了激活儿童的游戏,教师提议孩子们玩一些他们从来未玩过的游戏。
>
> 教师:如果我们这个积木区的地板都变成了一条河,那会怎样?
>
> 幼儿A:那我们做什么呢?一直游泳?
>
> 幼儿B:也可以钓鱼。
>
> 幼儿A:我不想钓鱼,我想建一所学校。
>
> 幼儿B:你也可以建一所学校。
>
> 幼儿A:(不可思议的表情)在河上建学校?
>
> 幼儿C:等等!我有一个主意。海洋,海洋!整个地板都变成了海洋。
>
> 教师和其他孩子们都接纳了幼儿C的这个主意,并开始玩海岛生活、水上运输、台风生成等相关主题的活动。
>
> **分析:** 案例中的教师发现了幼儿的游戏缺乏创造、简单重复的问题,发出提议。在孩子们在讨论的过程中有了"地板变成海洋"的想法,而且在游戏进行的过程中,产生了大量与海洋相关的主题活动。

(2)课程生成游戏。

幼儿园课程生成游戏,是指依据幼儿园课程标准、大纲等制定幼儿园课程的目标与内容,把游戏作为课程实施或教学的基本途径,包括为幼儿创设丰富而有意义的游戏环境,精心设计与组织专门的游戏活动,在游戏中支持、促进和引导幼儿的学习与发展。

> **探究**
>
> **认识数字**
>
> 在某幼儿园的数学课程安排中,梅老师本次活动的目标是教孩子们数数,同时认识数字1~20。她决定将活动室的角色游戏区装扮成一个商店来完成这次课程。她找到了天平、老式的悬挂式秤、一个日期可以改动的印章、几个计算器,以及一些小物品作为商店的商品。另外,梅老师发现平时收到的一些过期的购物券、超市寄来的广告等也可以用上,上面的图片和数字可以让"顾客"更容易理解商店的购物信息。一切准备就绪之后,商店终于开业了。开业那天,商店的工作人员和顾客发现,梅老师忘记了一个重要的方面:他们需要钱。于是大家一起玩起了制作游戏货币、制作游戏钞票的活动。

幼儿游戏理论与实践

探究

分析：教师在课程中给孩子提供游戏的经历，以使他们能够从中学习文字、数学、科学等课程里面的概念和技能。儿童在这个商店活动区开展游戏的过程中，学习了如何识别数字和数数。

游戏是儿童的基本活动。20世纪90年代以来，幼儿园应当以游戏为基本活动已经成为我国学前教育者的共识，并且这一共识被写进了教育部颁布的《幼儿园教育指导纲要（试行）》和《3—6岁儿童学习与发展指南》中。因此，以游戏为基本活动对幼儿园的课程模式进行整合是学前教育改革发展的方向。这种整合可以归为两大类型：一是非游戏活动游戏化，二是游戏课程化。

任务一　非游戏活动游戏化

幼儿园虽然应当以游戏为基本活动，但是在具体的现实层面，幼儿园还有许多非游戏活动。为了提高幼儿参与这些活动的积极性，人们往往把游戏活动的某些因素渗入其中，使非游戏活动游戏化，即将幼儿园的日常生活、教学等都纳入游戏之中，综合运用教学游戏、自然游戏等形式，依循游戏活动的实质来组织儿童的生活、学习，使其游戏化，促进儿童全面和谐发展。

一、教学环节中游戏的运用

在教学环节中运用游戏，是指以游戏的形式实施教学和开展活动，如在集体教学或作业教学中采用游戏的形式与手段，激发幼儿的兴趣，从而增强教育效果。常见的做法是利用有规则游戏的形式编制和实施教学游戏。因此，教学游戏即教师根据教学的目的、利用游戏的因素和形式所编制和组织的、具有一定游戏性的教学活动，是教学与游戏的有机结合。

有规则游戏的结构主要包括游戏目的、游戏任务、游戏玩法、游戏规则、游戏结果等，因此利用有规则游戏的形式来编制教学游戏也可以概括为以下几个步骤。

1. 确定游戏目的

游戏的目的即教师通过游戏所期望完成的教学目标，需要围绕课程的总目标来设定。游戏的目的要符合幼儿的发展水平，使游戏的难度与幼儿的能力相匹配。

2. 构思游戏玩法

游戏的玩法即对幼儿游戏动作的要求，主要是选择与教学任务和教学内容相适应的游戏动作，有需要时可适当地增添游戏的情节，以增加游戏的趣味性。

3. 拟定游戏规则

游戏规则是对动作顺序以及在游戏中被允许和被禁止的动作的规定。拟定游戏规则时，有以下几点要求。

（1）规则要合理，既要考虑游戏任务的需要，又要考虑幼儿的身心发展特点和水平，使幼儿完成既定学习任务的同时，产生一定的游戏性体验。

（2）规则要明确严谨，否则游戏中容易出现争议。

（3）规则要简单，一般2~3条为宜。

（4）尽量不使用制约幼儿行为的纪律性规则、物质奖励规则和惩罚性规则，以免影响幼儿参与游戏的主动性和积极性，破坏活动的游戏氛围。

4. 概括游戏名称

对幼儿来说，游戏名称主要体现了游戏任务，因此，游戏的名称要简洁明了，能够反映游戏的主要内容和特点，并带有一定的趣味性，能够激起幼儿参与游戏的兴趣。

二、生活环节中游戏的运用

幼儿园中的生活活动有很多。从幼儿一日生活环节和流程的角度来看，主要包括进餐、饮水、盥洗、如厕、睡眠、散步、入园离园、过渡活动等。在日常的生活流程中使用游戏，目的在于通过生动、形象、有趣的方式，培养幼儿良好的生活习惯，提升幼儿的生活技能。同时，生活环节中有诸多转换过渡活动，如晨间活动与晨谈之间、不同的集体教学活动之间、集体教学与区域活动之间、用餐与餐后散步之间等，这些转换过渡活动的时间较短，教师也可以选择简便、短小、易操作、易收放的游戏，避免过渡环节幼儿时间的隐性浪费。

任务二　游戏课程化

华东师范大学王振宇教授曾指出，游戏课程化是从幼儿的游戏出发，及时把握幼儿学习的生长点，通过引导和建构新的游戏，促进幼儿学习与发展的过程，即幼儿园以游戏为基本活动来安排幼儿园的一日生活，通过游戏化、人性化的教育环境，安全、信任、鼓励、支持的氛围，使孩子在幼儿园中真正做到自愿、自觉、积极、愉快地接受潜移默化的影响。可见，非游戏活动游戏化的方式更倾向于把游戏作为一种手段来实施，游戏课程化则是把游戏作为内容来实施，其目标在于构建一套全新的中国幼教模式，彻底清除幼儿园教育小学化的不良倾向，希望形成一个通过游戏的力量促进幼儿学习与发展的游戏链，其出发点是幼儿的游戏。

游戏课程化可能会有多种模式，但是在我国幼儿园课程改革的现阶段都不够成熟。因为游戏课程化深入和彻底的实现，不仅需要在时间、场地、室内外环境安排中保障幼儿自主游戏的开展，而且要以幼儿自主游戏生成的学习和生活经验为前提，生成新的课程，并以游戏精神贯穿于幼儿一日生活之中。有些学者认为"安吉游戏"的模式可以称为游戏课程化的典范。而目前国内比较普遍的区域游戏和主题游戏，也可以看作是幼儿游戏课程化探索过程中形成的游戏形式。

一、区域游戏

区域游戏可划分为建构类、美劳类、表演类、益智类、角色类和运动类。其中，建构类游戏由大型建构游戏和沙水建构游戏组成；美劳类游戏由绘画游戏、手工制作游戏和欣赏游戏组成；表演类游戏由歌舞表演游戏、故事表演游戏组成；益智类游戏由室内小型建构游戏和智力游戏组成；角色类游戏由现实生活角色游戏和非现实生活角色游戏组成；运动类游戏由大型体育设施游戏、中小型器械游戏、手持轻器械游戏和自然物游戏组成。六大类游戏在课程中的作用主要是创设能够支持幼儿兴趣活动的物质环境，保证幼儿素质潜能的开发和个性的充分发展。教师有计划创设的区域游戏环境应包含幼儿园基本的教学任务，各区域游戏在目标上既各有侧重，又有重合。

二、主题游戏

主题游戏是指教师根据幼儿的兴趣和发展需要灵活生成的游戏活动。游戏的线索是幼儿随心所欲的发散性思维，其中也渗透了教师有意识的鼓励和帮助。主题游戏可划分为自我认识类、生存环境类、生物世界类和科学探索类。主题游戏在培养幼儿学会主动学习方面起着突出的作用。它能够激发幼儿探究的兴趣和让幼儿养成合作研究的习惯，使每一个幼儿都能借助集体的力量，实现学习能力（包括认识能力、表达能力、表现能力）的自我超越。游戏的表现形式以小组学习为主，不同主题、不同内容参加的幼儿人数不等。

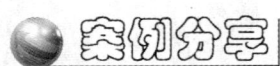

案例分享

游戏在教学环节的运用案例

在大班语言活动"粽子里的故事"中，教师在活动的第三个环节"迁移运用，开展游戏"中，设置了3个游戏：悄悄话、词语接龙、送祝福。"词语接龙"游戏的具体内容以及"粽子里的故事"活动设计的详细内容如下。

一、"词语接龙"游戏

（1）游戏目的（任务）：丰富幼儿的词汇，培养幼儿思维的敏捷性，提高幼儿的语言表达能力。

（2）游戏玩法：2个以上的幼儿玩。第一个幼儿说出任何一个词，然后第二个幼儿用第一个词的最后一个字作为词头，再说出一个词，以此类推。

（3）游戏规则：不能说重叠词；尚未认识字的幼儿玩时，接的词是谐音即可。
（4）游戏结果：看谁反应快，能接更丰富的词语。

二、"粽子里的故事"活动设计

（一）活动目标

（1）理解故事内容，能用语言清楚连贯地表达老奶奶让大家"吃了粽子讲故事"的美好愿望。

（2）养成仔细倾听的习惯，乐于参与悄悄话、词语接龙、送祝福等听说游戏，体验游戏的乐趣。

（二）活动准备

《粽子里的故事》图画书一本；PPT课件一份；自制大粽子两个。

（三）活动过程

1. 经验回顾，引发兴趣

（1）教师出示图画书封面，问："小朋友吃过粽子吗？吃过什么味道的粽子？"

（2）简单讲述粽子的来历：每年的农历五月初五是端午节，这一天我们要吃粽子，这是我们中国人的节日。

（3）这本书上的粽子和大家吃的有什么不同吗？

2. 观看PPT，倾听、理解故事情节

（1）分三段讲述故事。

教师讲述故事的第一部分，问："老奶奶生病前有什么本领？老奶奶为什么要包粽子？老奶奶有什么愿望？"

教师讲述故事的第二部分，问："哪些小动物吃了老奶奶的粽子？它们会讲故事吗？大家一起来学学小动物吃了粽子后的样子，好吗？"

教师讲述故事的第三部分，问："小姑娘吃了粽子之后怎么样？小姑娘讲完故事去了哪里？"

（2）完整欣赏故事。

讲完故事后，教师问："如果你是小姑娘，你回家之后会做什么？"

3. 迁移运用，开展游戏

教师说："老奶奶的粽子里有故事，老师带来的粽子也很神奇，来吃吃老师带来的粽子，讲讲老师粽子里的故事。"

（1）拆开第一个粽子，开展"悄悄话"游戏。

教师引导：悄悄话是什么意思？怎么说悄悄话？小朋友一起玩悄悄话的游戏。

（2）拆开第二个粽子，开展"词语接龙"游戏。

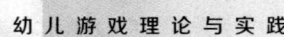

(3) 拆开第三个粽子，开展"送祝福"游戏。

教师引导：我们马上要离开幼儿园，离开我们的好伙伴，上小学去了，你有什么祝福的话要跟好朋友说吗？你收到了什么祝福？你把祝福送给了谁？

（四）活动延伸

(1) 区域活动：语言区——创编故事《粽子里的故事》；绘画角——"我喜欢吃的粽子"。

(2) 端午节要到了，请幼儿在家里包粽子，一起讲故事。

游戏在生活环节的运用案例

一、"小狗捡骨头"游戏

(1) 游戏目的：培养幼儿整理玩具的习惯。

(2) 游戏玩法：针对某些游戏活动结束之后散乱在地上的玩具，教师引导幼儿开展此游戏。每个幼儿代表一只"小狗"，地上散落的玩具代表"骨头"，请"小狗"把"骨头"捡起来放在对应的位置上，看看谁捡得又快又好。

二、"小青蛙呱呱呱"游戏

(1) 游戏目的：培养幼儿的注意力及反应的敏捷性。

(2) 游戏玩法：2名以上幼儿为一组，围成圆圈站立。所有幼儿伸出左手食指作"针"状，右手伸成"布"状，掌心向下。每个幼儿的"布"盖在自己右边幼儿的"针"上。游戏开始时大家一起念儿歌"小青蛙，呱呱呱，顶着荷叶笑哈哈。大荷叶，盖下来，看谁能够抓住它"。当念到最后一个字时，所有幼儿的"布"要迅速去抓自己掌心下面的"针"，同时其他幼儿的"针"则要迅速离开，避免被别人的"布"抓住。

一、练一练

练习内容1：以教学游戏为主要过程，设计一个教学活动，并在小组内进行模拟训练。

练习内容2：设计一个培养幼儿生活习惯的游戏，并在小组内进行模拟训练。

二、目标达成情况评价

表7-2 单元七评价表

序号	学习目标	达成情况（在相应的选项后打"√"）		
		能	不能	不能是什么原因
1	理解游戏的含义和特点			
2	理解游戏与课程之间的关系			
3	理解以游戏为基本活动进行课程整合的两种途径			
4	能够按照不同分类标准对儿童游戏进行分类			
5	能够利用游戏手段开展教学活动			
6	能够利用游戏手段开展生活活动			
7	能够利用游戏手段促进一日活动之间的转换			

参考文献

［1］丁海东. 学前游戏论［M］. 大连：辽宁师范大学出版社，2003.

［2］刘焱. 儿童游戏通论［M］. 北京：北京师范大学出版社，2004.

［3］杨枫. 学前儿童游戏［M］. 2版. 北京：高等教育出版社，2012.

［4］王振宇. 游戏的界限［J］. 幼儿教育·教育科学，2017（Z6）.